AF262111

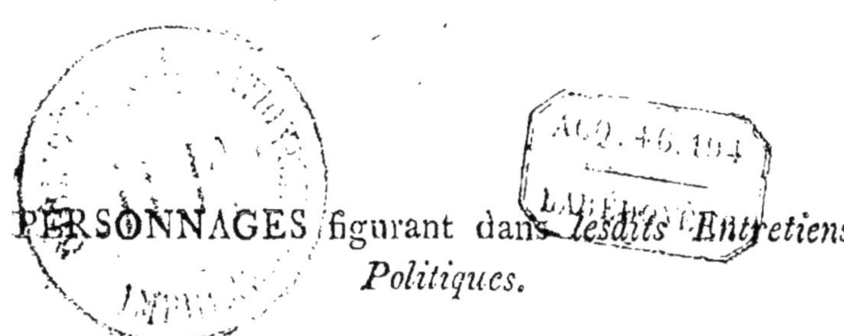

PERSONNAGES figurant dans *lesdits Entretiens Politiques.*

INTERLOCUTOIRES.

Buonaparte.—Le Président du Sénat.—Le Grand Maréchal du Palais Duroc.—Le Ministre de l'Intérieur. Le Ministre de la Guerre, et celui de la Marine :—Le Grand Chambellan.—Le Président du Conseil, et quelques autres individus de la Clique.

La Scène est à St. Cloud,
dans le petit Salon contigu
aux Appartemens de Buonaparte

Funestum quid, Musâ, jubes renovare diem, quâ
Versa statim in planctum gaudia magna nimis!

LA CONVENTION DE CINTRA,

OU

LES LAMENTATIONS

DE

JOHN BULL,

Sur le TRIOMPHE extraordinaire de NAPOLÉON BUONA-PARTE, et de son intime Allié, L'IMMORTEL AUTOCRATE de toutes les Russies !!! Tant à la suite de deux défaites complètes, résultant des Victoires signalées du 17 Août, 1808, *dans les Passes en avant de Lisbonne,* sur *les soi-disant Invincibles,* aux ordres du Général Laborde, et du 21 à *Vimiera,* sur le Commandant de cette Place, le Sieur *Junot,* surnommé *Duc d'Abrantes,* remportées par les Troupes toujours intrépides de S. M. le Roi de la Grande Bretagne, sous la conduite de SIR ARTHUR WELLESLEY, qu'en conséquence de la reddition de la Flotte Russe, commandée par l'Amiral Siniavin, à SIR CHARLES COTTON, Chef des Forces Navales de SA DITE MAJESTÉ, dans le Tage.

La Convention et *le Triomphe* dont s'agit, consommés par *le Traité définitif de Cintra,* signé le 30 Août, par le Général *Sir Hew Dalrymple* et *ledit Junot,* et rédigés EN DEUX ENTRETIENS POLITIQUES INTERLOCUTOIRES intéresseront d'autant plus l'attention et la curiosité du Lecteur, qu'aux différentes particularités qui les ont accompagnés, l'Auteur a ajoûté quantité d'Anecdotes, dont plusieurs, pour avoir eu lieu à des époques très-reculées, ne laissent pas d'y avoir ou plus ou moins de rapport.

La Convention de Cintra est suivie d'une Revûe générale et Récapitulation *des* HAUTS FAITS *du Charlemagne moderne,* et d'un certain nombre de petites Pièces de Poésies périodiques et autres, sur différens Sujets.

Par un Buonapartiste, comme il y en a peu.

Sunt bona, sunt mala, sunt mediocria multa vicissim,
Sunt bona mixta malis, sunt mala mixta bonis.

LONDRES,
De l'Imprimerie de Cox, Fils et Baylis, No. 75, Great Queen Street,
Lincoln's Inn Fields.

Janvier, 1809.

INTRODUCTIO.

Funestum quid Musa jubes renovare diem, quo
Hispanicas ut opes, vicinaque regna, sacratæ
Corsicus eruerit Nero sub nomine Pacis ! ! !

Mutatis mutandis, sic fatur Æneas Didoni.

*Lib. 2do. Eeneidos, vers. 9tio.   Quæ carmina adaptari
possunt optimè circumstantiis præsentibus.*

Ad imitationem illorum, de suprá memoratá Lisboniensi CONVENTIONE IN CINTRA, sic breviter lacrymatur indignans

JOHN BULL.

Funestum quid Musa jubes renovare diem, quo
  Versa statim in planctum gaudia magna nimis ! ! !
(Nam lacrymas, palmæ memorans ignobile fatum
  Duplicis, heu ! posset quis retinere suas ?)
Civica sunt ergo tormenta explosa nequicquam,
  Tardaque victores reddidit hora sonos ! ! !
Frustrà campanæ celsis de turribus, unà
  Harmonico strepitu lætificâre plebem ! ! !
Omnia cum rapidis abierunt irrita ventis,
  Fallor, et ira, pudor, damna, dolorque manent ! ! !

TRADUCTION.

Muse cruelle, hélas ! pourquoi m'imposer la tâche pénible de remémorer ce jour funeste, où notre joie, la joie publique à laquelle on s'étoit d'abord trop vivement livré, prit tout à coup le caractère d'un deuil profond, (car tout en se rappellant, l'issue peu honorable de cette convention à la suite de deux victoires, quel est le mortel assez insouciant, pour commander à ses larmes ?) C'est donc en vain que ces instrumens civiques, faits pour annoncer les grands événemens aux peuples, ont fait nuitamment retentir les airs de leurs bruits majestueux ! c'est donc envain que, du haut des clochers, les bouches argentines de cet airain sonore se sont empressées, par leurs concerts harmonieux, réunis à ces bruits, de communiquer à la Nation triomphante, la joie qu'elles en ressentoient elles-mêmes ; puisque cette joie, nos sensations ;

A

tout, en un mot, tel qu'un vent qui fuit avec rapidité, ont disparu aussitôt. Mais que dis-je? Non, non, l'indignation, la honte, les pertes sensibles, et les regrets rongeurs, à la suite de tant d'éclat, restent profondément gravés au fond de nos âmes ulcérées!!!

S'il arrivoit que, parmi nos lecteurs, il s'en trouvât quelques-uns auxquels ces vers, qui font image, ne plairoient pas, ils sont priés de faire attention que c'est JOHN BULL qui parle, et qui, en s'abandonnant à ses premiers mouvemens de colère et d'indignation, pousse la chose un peu loin, pour ne pas dire, au-delà des bornes.

Que JOHN BULL et son innombrable famille eussent désiré voir *la Convention de Cintra* revêtue d'un caractère plus satisfaisant, et plus glorieux à la cause de leur Nation et de leurs fidèles alliés, plus décisif et plus humiliant pour celle de l'ennemi commun, rien de plus juste, et rien de plus naturel, mais aussi, quand à ces premiers mouvemens, ils auront fait succéder une mûre réflexion sur toutes les circonstances qui l'ont accompagnée, et qu'ils auront surtout considéré combien il est pénible et dégoûtant d'avoir à traiter avec les représentans d'un tyran acharné, qui tire tout à soi, sans jamais vouloir se relâcher, en la moindre chose, quand il s'agit d'une transaction quelconque, non-seulement JOHN BULL et les siens se désisteront *de jetter la pierre* au Général Sir Hew Dalrymple, mais encore ils se trouveront obligés de confesser qu'il y va bien moins de sa faute qu'ils se l'étoient d'abord imaginé, à la première vûe des dépêches officielles de la Convention sus-énoncée..... Que si, dans le cours de l'Ouvrage, Sir Hew Dalrymple est, par ci, par là, dépeint sous certaines nuances, le lecteur est prié de faire attention que ce sont un Buonaparte, et autant d'adhérens à ses principes qui se livrent à leurs passions et à leurs ressentimens, qui sont toujours, ou plus, ou moins outrés, ce qui dépend entièrement des avantages ou plus ou moins conséquens qui leur reviennent d'une Convention, et d'un traité de quelque nature qu'il puisse être.

IN GRATIARUM ACTIONEM,
INCIPIENTE ANNO MDCCCIX.

Eâ quâ par est, animi demissione atque reverentiâ omnibus et singulis utriùsque sexûs benefactoribus suis, salùtem plurimam dicit, atque vota sua, sequentibus versibus cordialiter exprimendi licentiam rogat humillimè

Operis hujus Auctor J. J. Humblet, anteà Canonicus in Campania inferiori.

Dent Superi longos te vivere Nestoris annos !!!
  Firma valetudo sit tib., sit que tuis !
Ædibus imo quies pax, et concordia regnent,
  Sint simul et lites, et dolor usque procul !!!
Sicque colant liberi liberos, matremque patremque,
  Uxoris vir amans, uxor et esto viri !!!

Sic vovebat infra inscriptus.

TRADUCTION.

Actions de Grâce et Etrenne pour l'Année 1809.

Individuellement adressées aux Seigneurs et Dames, ainsi qu'à toute autre personne de l'un et de l'autre sexe, qui ont bien voulu accorder leurs bontés à l'Auteur.

Puisse le Ciel prospère vous accorder les vieux jours de Nestor, et puisse-t-il y ajoûter, avec le bienfait d'une santé à toute épreuve, celui de faire régner, au sein de vos familles, le repos, la paix et la concorde !!! Plaise à sa main divine, en écarter, à jamais, les dissentions, et toute espèce de peine et de douleur interne, par ainsi permettre que ceux, qui vous sont redevables de leur existence, se portent les uns aux autres un amour mutuel, qu'ils l'étendent, surtout, sur les dignes auteurs de leurs jours ; que l'époux l'accorde à sa compagne chérie, et l'épouse à celui qui sût se captiver son cœur !!!

Tels sont les vœux sincères de leur

Très-humble et très-obéissant serviteur,
L'ABBÉ HUMBLET,
ci-devant Chanoine en Champagne.

PRÉFACE DE L'AUTEUR,

Dont il est essentiel de prendre lecture avant de passer à celle de l'Ouvrage.

Un Ecrivain, semblable à un peintre qui n'est bon peintre, et qui ne peut être estimé, réputé tel, qu'autant qu'il se rapproche de la nature, doit, dans ce qu'il donne au public, s'efforcer à rendre le caractère et les sentimens des personnes qu'il produit sur la scène ; en conséquence, l'Auteur du présent Ouvrage ose espérer que les hauts Personnages, Princes et autres, ainsi que les Gens en place, qu'il ne pouvoit se dispenser d'y introduire, voudront bien ne pas lui en savoir mauvais gré, persuadés qu'ils doivent être que s'ils se trouvent dans la bouche d'un Buonaparte, et dans celle de ses semblables, sous des couleurs telles *qu'un être de son espèce* est dans l'habitude de donner, même au Souverain le plus respectable et le plus intègre, celui de la Grande Bretagne, l'intention de l'Auteur n'est aucunement d'attaquer, ni de mortifier qui que ce soit, pas même d'ajoûter à la disgrâce de Sir Hew Dalrymple, ni aux peines que sa famille et ses amis en auront ressenties. Sir Hew Dalrymple, (abstraction faite de la transaction,) pouvant être homme de mérite, bon général, et excellent politique, mais qui, en agissant de la sorte, s'est probablement imaginé rendre un important service au Portugal, comme à sa Patrie, en délivrant, aussitôt que possible, et à tout prix, de la tyrannie *de ces cannibales*, les anciens alliés de la ferme et inébranlable Monarchie à laquelle il a l'honneur d'appartenir, sans avoir, à coup sûr, fait attention que, par là, il donnoit peut-être à l'ennemi *des verges pour nous fouetter*, mais bien certainement des armes pour le combattre, et conséquemment *un triomphe certain* au perturbateur universel du repos des nations, *triomphe* auquel bien assurément il ne s'attendoit guères, et dont il ne manqueroit pas de se prévaloir, en l'attribuant tout entier à la bonhomie de Sir Hew Dalrymple, et à l'intelligence comme à la ruse de son bien-aimé *Duc d'Abrantes*.

Quant aux avantages qu'il peut naturellement en retirer, et les suites funestes qui en dérivent, tant pour la gloire de nos armes, que pour la cause commune de l'Angleterre, de l'Espagne et du Portugal, elles sont trop sensibles et trop manifestes, pour entrer dans un détail ennuyeux, et d'ailleurs superflu. Les journaux et les feuilles publiques en ayant déjà dit, à ce sujet, plus qu'on n'auroit désiré d'entendre, surtout sur le compte d'un Officier du premier mérite, dont la famille, et lui-même en particulier, (si l'on veut leur rendre justice,) ont des droits incontestables à la reconnoissance du Monarque et du ministère, comme à celle de leur Patrie et de leurs concitoyens, tous autant qu'ils sont, qu'il me soit même permis d'ajoûter: que si, parmi les généraux de ce siècle, il s'en trouve quelques-uns auxquels on puisse, à juste titre, appliquer le *veni, vidi, vici*, c'est, sans doute, bien à Sir Arthur Wellesley, soit dans sa vigoureuse attaque dans les passes en avant de Lisbonne, soit dans sa défense victorieuse et péremptoire dans l'affaire décisive du 21.

TRIOMPHE EXTRAORDINAIRE de NAPOLÉON BUONAPARTE, au moment de la Réception des Dépêches officielles, concernant la Reddition de Lisbonne, et celle de la Flotte Russe.

Les dépêches de Junot arrivées à Saint-Cloud, Buonaparte n'a rien de plus empressé que de faire venir Messieurs ses ministres, le président du sénat, le grand maréchal du palais Duroc, son grand chambellan, le président du conseil, et peu d'autres de la clique, et dans les transports de sa joie, les dépêches en mains, il leur adresse la parole en ces termes :

Grandes nouvelles, Messieurs, oui, ces nouvelles étant de nature à surprendre, je m'empresse à vous les communiquer, je reçois, tout ainsi, du Duc d'Abrantes, ces dépêches si impatiemment attendues, et en même temps si inespérées ; grâce au Ciel ! il s'en faut bien que le tout soit perdu, comme nous avions lieu de l'appréhender. Chose incroyable ! vaincus et vainqueurs tout à la fois : voyez, lisez.... Mais non, vous verrez celà à votre plus grand loisir ; pour le présent, il suffit que vous en sachiez la substance, que vous les connoissiez en gros, elles sont, sans contredit, des plus singulières, puisqu'à l'exception de la reddition de la place, tout est en faveur de la garnison, et conséquemment de la monarchie. Oui, je dois vous l'avouer, quoique je connusse assez le Duc, pour croire qu'il se tireroit de ce mauvais pas, et qu'il ne seroit pas tout à fait dupe de la politique de ce chien de cabinet de St. James ; néanmoins je ne me serois jamais imaginé qu'il eût pu tirer, de la circonstance, un parti si avantageux : non, je ne m'en serois peutêtre pas mieux tiré moi-même.... Représentez-vous ce pauvre Junot, réduit aux dernières extrêmités, sans espoir de pouvoir être secouru, surtout à la suite de la capitulation monstrueuse de ce lâche et imbécile Dupont, une garnison à la veille d'être affamée dans les murs de Lisbonne, investie comme elle étoit, et par mer, et par terre, par les forces réunies de l'Angleterre et du Portugal, représentez-vous, en sus, une armée battue, hélas! je ne le dis qu'en soupirant, mais battue deux fois, à platte couture, par un général qui ne commandoit que par *interim*, et par pur hasard, c'est-à-dire, dans l'absence du général-en-chef, qui n'est arrivé sur les lieux qu'après la bataille, (et plût à Dieu qu'il eut paru deux ou trois jours auparavant!) Junot, qui vouloit *les faire sauter dans la mer!* car, en racourci, telle fut sa harrangue au soldat avant d'attaquer;* et Junot vraisemblablement eût tenu sa parole, ou bien, *Messieurs les habits rouges* auroient mis bas les armes, mais les dispositions de ce démon d'homme, qu'ils nomment Arthur Wellesley, et qui, selon toute apparence, est frère à ce Marquis de Wellesley qui a fait tant de bruit dans les Indes, étoient, à ce qu'il m'écrit, d'une nature à ne pouvoir y mordre, à ne pouvoir l'entâmer....Nos braves donc, rangés sur trois colonnes, dont celle du centre étoit commandée par le Duc lui-même, (s'entend à l'affaire décisive du 21, à Vimiera,) car celle du 17, sous la conduite du Général Laborde, n'a été, proprement parlant, qu'une espèce d'escarmouche, qu'une affaire d'avant-poste; nos braves, dis-je, qui, en ayant à faire à tout autre, auroient été invulnérables, auroient sans doute été victorieux, furent à la fin obligés de céder, de se replier sur la ville; Laborde qui, avant ceci, occupoit les passes en avant de Lisbonne, en ayant été malheureusement délogé, avoit été contraint de se retirer dans ses murs; mais le Duc d'Abrantes, après s'être consulté avec Laborde, il fut décidé que dès le surlendemain on attaqueroit, et qu'un outrage de cette nature, fait *à l'invincibilité des armes Françoises,* ne devoit, ne pouvoit pas demeurer impuni. En conséquence, peut-être aussi confiant dans ses dispositions, et dans son plan d'attaque, que dans la bravoure de ses soldats, qui, après cet échec, n'en étoient que plus furieux, que plus animés, peut-être aussi pas assez en garde contre les plans de dé-

---

* *Junot to his Soldiers, before the Battle of the 21st of August,* 1808.

"Comrades, there are the English, and behind "them is the sea; be cool and steady; you have only to "drive them into it".... Sir Arthur said but briefly and simply: "My brave countrymen, drive the French "out of the passes on the road to Lisbon."

fense du Général Anglois, non plus que contre la fermeté inattendue de ceux qu'il avoit à combattre, le Duc fondit sur eux, avec cette valeur, cette impétuosité, et cette intelligence qu'on avoit lieu d'attendre, soit de sa prudence et de ses talens militaires, soit de l'intrépidité d'une armée accoutumée à vaincre; son attaque, de l'aveu même des Généraux Anglois, fut des mieux dirigée, et supérieurement conduite, elle annonçoit ce qui s'appelle une tactique rafinée........Trois fois chargea-t-il l'ennemi d'une manière à surprendre, à décontenancer tout autre qu'un Wellesley (ceci est le rapport de l'Adjudant-Général,) et trois fois le choc, tout foudroyant qu'il étoit, fut-il soutenu avec la même bravoure et la même opiniâtreté; ensuite chargeant les nôtres, à son tour, avec la même fureur qu'il avoit été attaqué, l'ennemi parvint, la bayonnette au bout du fusil, à se faire jour à travers nos bataillons, à leur faire lâcher pied, et enfin à les mettre en fuite.......Hélas! le sort nous attendoit là, et son caprice, probablement, nous avoit préparé, de longue main, ce coup funeste et malheureux, qui toutefois ne ternit que, pour le moment, l'éclat de nos triomphes et la renommée du soldat françois......Obligé donc de céder, le Duc d'Abrantes, comme dit est, se replier, regagner la ville; trop heureux, ajoûte l'Adjudant, de n'avoir pas été poursuivi jusque dans ses murs, ainsi que le vouloit Wellesley, car il y avoit tout à craindre que les vainqueurs n'y fussent entrés, pêle mêle, et dans le même moment que les vaincus, aussi estce ici, Messieurs, que je crie, et crois avoir lieu de crier à la victoire.

Le Président du Sénat.—SIRE, nous ne pouvons que vous en congratuler, du plus profond de notre âme, mais si c'est là le coup d'essai du Général Anglois, on doit s'attendre qu'il fera du bruit à l'avenir.

Buonaparte.—Son coup d'essai, vous dites, M. le Président; pareils coups ne sont pas des coups d'apprentifs, ce sont, au contraire, ce qui s'appelle, dans notre métier, des coups de maître......On voit bien que M. le Président n'est pas au courant de la chronologie des hommes à talens de ce pays-là, ces Wellesley, Monsieur, sont gens connus, hommes de mérite, et braves comme *l'épée qu'ils portent,* et cet Arthur, qu'ils nomment LE HÉROS D'ASSYE, pour avoir, dans ses environs, remporté une victoire des plus brillantes, est bon général, et homme qui l'entend; il falloit être ce qu'il est, pour avoir eu, à ce point, le dessus sur le Duc d'Abrantes. Non, M. le Président, non, des coups de cette espèce, je le réitère, ne sont pas des coups d'essai, des coups d'apprentifs, ce sont de ces coups essentiels qui entraînent avec eux les conséquences les plus funestes, surtout dans les circonstances actuelles.

Le Président du Sénat.—Bien des pardons, SIRE, mais la partie militaire n'étant pas la mienne, il n'est pas surprenant que j'ignore ce qui y a rapport, et conséquemment, les noms de ceux qui s'y sont distingués, surtout dans les contrées étrangères ; mais pour avoir entendu parler des premiers exploits de VOTRE MAJESTE, pareils coups ne lui étoient pas bien extraordinaires.

Buonaparte.—C'est une chose qu'on a bien voulu vous dire, M. le Président, mais moi, qui sais me rendre justice ! ! ! Je vous avouerai, avec candeur, que, dans le principe, j'ai fait, comme tout autre, certaines fautes, et même certaines bévues qui ne m'arriveront plus : ce qui est inséparable du métier de la guerre, surtout dans les premiers commencemens, l'expérience, Monsieur, l'expérience est un excellent maître, et le meilleur de tous les maîtres.

Il est néanmoins très-prudent de cacher tout ceci au peuple, et en conséquence je vais donner les ordres les plus précis à mes officiers de police, et autres à qui il appartient, soit dans l'intérieur, soit dans les contrées lointaines, auxquelles il importe de n'en rien laisser transpirer ; ces nouvelles étant, comme vous sentez, de nature à alarmer les peuples, qui sait, à les faire remuer, mais surtout, comme j'ai lieu de craindre, à dégoûter nos nouvelles levées, qui paroissent ne l'être déjà que trop.

Le Maréchal Duroc.—Mais, SIRE, selon que VOTRE MAJESTE a bien voulu nous observer, il n'y a qu'un moment : *que ce Sir Arthur ne commandoit que par interim,* pourroit-on savoir qui est le Commandant en chef ?

Buonaparte.—Ma foi, M. le Maréchal, vous m'en demandez plus que je ne pourrois vous en dire : Sir *Heue de la Rampe, de la Rimpe,* le diable ne devineroit pas ce nom-là. *(Au Président du Sénat, en lui montrant les dépêches)* : Voyez ça, M. le Président.

Le Président du Sénat.—Tout au plus juste, SIRE, c'est comme dit très-bien VOTRE MAJESTE : *Sir Heue de la Rampe, de la Rimpe....*Après tout, qu'importe du nom, SIRE, *Rampe* ou *Rimpe,* cela ne fait rien à la chose, et, si SA MAJESTE me permet de parler franchement, je suis d'avis qu'il est très-heureux pour nous que le nom de ce Général ne soit pas aussi connu que ceux des Marlborough, des Nelson, des Abercrombie.....

Le Maréchal Duroc.—Batt! Que venez-vous là nous chanter avec votre Marlborough, M. le Président? Si votre Marlborough tout grand, tout invincible que les Anglois nous le représentent; oui, si Marlborough, avec tous ses prétendus fameux talens militaires, eût eu en tête un NAPOLEON PREMIER, une campagne, et Marlborough eut été mis de côté, Marlborough seroit rentré dans la classe commune.

Le Ministre de la Marine.—Et votre Nelson, Monsieur, avec toute sa renommée, qu'étoit-il, au fait, qu'un pirate, un aventurier, à qui la fortune avoit spécialement accordé ses faveurs? Son chef-d'œuvre, son plus grand coup, est celui de Trafalgar, et la chose bien considérée, quelle gloire doit-il lui en revenir?..... A qui en eut-il à faire? à un homme sans tête, sans resssource, sans fermété et sans résolution, un homme sur le compte duquel on a eu les soupçons les plus violens, et les mieux fondés, *Villeneuve*, pour tout dire, étoit vendu à l'Angleterre...... Il nous falloit à cette affaire *un Suffren, un Jean Bart, un Destaing* : et qui avoit-il pour soutien dans le contest? un Espagnol, c'est tout dire, un Commandant qui se sentoit déjà de la révolution, et qui, peut-être, a connivé à ses perfidies, ou du moins n'a pas fait ce qu'il auroit dû faire dans la circonstance.

Le Ministre de la Guerre—Et pour ce qui regarde Abercrombie, M. le Président, sans néanmoins vouloir jetter la pierre à son opposant, ni attaquer sa réputation, Abercrombie, quel homme avoit-il à combattre? Un homme, sans doute, connu par sa bravoure, et son courage, mais dont la tactique (ainsi que l'événément l'a prouvé en plus d'un cas,) ne répondit jamais à cette même bravoure, à ce même courage, et qui, persistant dans le blâmable système de diviser son armée en différens petits corps insignifians, en dépit des remontrances itérément lui faites à ce sujet, ne put, dans cette occasion, amener sur le champ de bataille qu'une force de beaucoup inférieure à celle de l'ennemi, et qui, par la distance qui se trouvoit entre elle, et les nombreux détachemens qui en avoient été séparés, ne pouvoit être secourue en aucune manière. Au reste, si Abercrombie eut, dans cette affaire, l'avantage sur le Général Menou, on n'ignore pas quel en fut le prix *(the poor fellow,)* dit l'Anglois, y a laissé ses os, avec ceux d'une quantité prodigieuse d'Officiers et de soldats de son armée : d'ailleurs cette victoire, qu'on lui attribue si gratuitement, l'auroit-il eut gagnée, sans l'arrivée du Commodore Sidney Smith, qui vint, tout-à-coup, fondre sur une des aîles du Général Menou, avec les gens de son escadre ? C'est de quoi il nous est bien permis de douter.

Le Ministre de l'Intérieur.—Ces observations, Monsieur, sont des plus justes et des plus judicieuses.

Buonaparte.—Quoiqu'il en soit, Messieurs, laissons ces Comentaires, et revenons au fait, la fortune donc amena fort à propos sur les lieux Sir *Heue*, et quoiqu'il approuvât, jusqu'à certain point, les plans de celui qu'elle venoit de favoriser aussi particulièrement, il crut néanmoins ce devoir, et ne pouvoir pas tomber d'accord avec lui sur ces dispositions ultérieures. Aussi Junot, soit qu'il eut un pressentiment de ce qui devoit arriver, soit qu'il s'imaginât ne pouvoir, dans tous les cas, en avoir à faire à un homme moins incliné à se relâcher sur certains articles, un homme plus obstiné dans ses résolutions, et surtout plus acharné à sa perte comme à la perte, à la destruction de la Monarchie, Junot parut triompher, au bruit de l'arrivée de ce galant homme, aussi sans différer un instant, se hâta-t-il de lui envoyer notre ami Kellermann, pour lui faire, de sa part, des propositions relatives à un accommodement, avec les articles qui en feroient la bâse, abandonnant le reste à la prudence et au discernement de Kellermann, (oh ! c'est un futé-compère que ce Kellermann !) Eh bien, Messieurs, Kellermann, après avoir *sondé le guet*, après avoir finement *tâté le pouls* au Général, jugea, sur l'instant, qu'il ne seroit pas bien difficile de lui *faire une saignée à la françoise,* et de l'amener au point où il vouloit l'avoir.

Cependant il y eut d'abord du *pour* et du *contre*, de la résistance de la part du Général anglois, on s'effaroucha aux propositions du Duc d'Abrantes, Wellesley parut d'abord s'y opposer, protester ; la matière fut discutée de nouveau ; on retrancha, on ajoûta, et finalement, après avoir bien chamaillé, le Duc obtient, à peu près, tout ce qu'il s'étoit proposé d'obtenir, et ici tout fut conclu à sa satisfaction, au gré de ses désirs et des miens (car j'avois eu la précaution de lui faire acheminer, en tems et lieu, mes intentions et mes volontés à ce sujet,) dans le cas, bien entendu, qu'un jour ou l'autre, il fut obligé d'en venir là : de manière, Messieurs, que, *si une belle retraite vaut une victoire complete,* de même la capitulation de Junot prend-elle aujourd'hui ce caractère, et tout battu qu'il a été, il peut se flatter d'avoir obtenu, par elle, un triomphe dont je fais trophée, un triomphe à jamais mémorable dans l'esprit et le cœur d'un vrai François, ainsi que dans les annales de la Monarchie......Je dis plus, et je prétends que, supposant même que le Duc d'Abrantes eut resté maître du champ de bataille, à peine eut-il pu s'attendre à une issue plus avantageuse; j'excepte 10 à 12 mille hommes qu'il eut fait prisonniers, et mis hors de combat, s'attendre à des conditions plus glorieuses pour une garnison qui se trouvoit dans une situation aussi critique, et des plus humiliantes pour une armée qui venoit de vaincre, une armée qui, bien certainement, pouvoit nous faire la loi, nous astreindre à celles qu'il lui auroit plû de nous dicter.... "La garnison franche et libre, c'est-à-dire, point de prisonniers de guerre, magazins, artillerie, chevaux, armes, et bagages, l'Officier ainsi que le soldat emportant tout ce qui leur appartient, *(et en faisant à ses gens un clin d'œil, accompagné d'un sourire malin,)* et quelque chose de plus, comme vous pouvez vous imaginer, nos gens renvoyés par mer, au sein du Royaume, et cela aux frais et dépens du Gouvernement britannique, qui s'est engagé à fournir les vaisseaux, et les vivres nécessaires pour cet objet, et au-dessus du marché, 14 à 18 mille hommes, sur lesquels je ne comptois plus, rendus à la Monarchie, conséquemment, 14 à 18000 hommes de retrouvés, ajoûtez à tout ceci l'*Empereur des François reconnu.*"

Le Mar. Duroc.—Les choses étant sur ce pied là, SIRE, ils n'auront pas fait grand bruit avec leurs chétives Boëtes, improprement nommées *les canons du parc et de la tour.*

Buonaparte.—Tout au contraire, M. le Maréchal, je suis bien assuré moi, qu'ils auront fait un bruit d'enfer, un bruit à réveiller tous les carrefours de Londres, et supposé même que les nouvelles n'en fussent arrivées que bien tard, et même aussi tard qu'à minuit, soyez sûr qu'ils les auroient eu annoncées à minuit, par des décharges redoublées, et cela pour tranquilliser, et remplir d'enthousiasme le peuple de Londres, qui, depuis quelque tems, étoit dans la plus vive impatience de les voir arriver, mais enthousiasme qui, au développement des particularités, j'oserois bien en répondre, aura été diminué de trois quarts, si même les trois quarts de la ville, ou plutôt du Royaume n'ont pas fait éclatter du mécontentement, et couvert de reproches ceux dont les noms ont été mis au bas de l'instrument conventionel, la haine de cette nation contre nous, surtout depuis que nous lui avons ôté toute communication avec le continent, étant de nature à se faire le triomphe le plus flatteur, de nous voir tout à coup écrasés, anéantis, pulvérisés.

Le Maréchal Duroc.—Je crois, SIRE, que nos peuples ne leur cédent en rien de ce côté là: mais laissons arriver nos braves du Portugal, ce sont eux qui bien plus que tout le reste de l'armée, animés d'une juste fureur contre ces brigands, se feront un vrai triomphe de les recombattre, de se venger de l'outrage fait à leur valeur et à leur réputation; mais, comme j'espère, SIRE, ils ne tourneront pas le dos à ce pays-là les mains vuides, et sans qu'ils en aient jusque par dessus les épaules, car si ce qu'on débite est véritable ils y ont fait un butin énorme, et le soldat de même que l'Officier ne se virent jamais en possession d'autant d'or et d'argent qu'ils le sont aujourd'hui, numéraire qu'à leur retour en France, ils ne manqueront pas de dépenser aussi lestement qu'ils l'ont acquis, et qui, circulant dans l'intérieur, ne laissera pas de contribuer à réveiller l'industrie, et à suppléer à la rareté des fonds qu'une guerre aussi longue et aussi ruineuse n'a que trop malheureusement occasionnée, aussi bien dans la capitale que dans la plûpart de ses provinces.

Le Président du Conseil.—Et ce qui en reviendra à notre Musée, à nos Cabinets d'Astronomie, de Mathématique, de Géométrie, et d'Histoire naturelle, quoique déjà les plus riches qui existent, en un mot, à nos collections de toute espèce, en tableaux, en gravures, en médaillons, en porcelaines les plus rares (car M. le Prince Régent, à ce qu'on dit, étoit magnifique dans tout ce qui a rapport à l'ameublement d'un palais, comme à celui de toute espèce d'institutions, comptez-vous tout celà pour rien, Monsieur le Président?

Le Président du Sénat.—Non, sans doute, ces objets sont des objets de la plus grande conséquence, et quand nous y aurons ajoûté mille autres, jadis appartenant au culte, et qui, changés *en jolis Napoléons*, remédieront comme dit très-bien M. le Maréchal, à nos finances délabrées, celà, par ma foi, fera une gentille aubaine pour Paris et ses dépendances.

Le Grand Chamb.—Halte là, Mr. le Président, n'allons pas si vîte en besogne, reste à savoir, si Mrs. les Anglois, une fois en possession de la ville et de ses torts, les Portugais n'iront pas en représentation, et, à force d'instances, n'engageront pas leurs nouveaux hôtes à nous faire laisser en arrière ce que bien certainement, et peut-être même avant l'époque de la capitulation, auroit été bien précieusement *coffré* et empaquété ; je ne sais, mais il s'élève à cet égard, au fond de mon âme, une espèce de pressentiment, et d'appréhension que je ne saurois trop vous exprimer, ni trop vous décrire......

Buonaparte (d'un ton sec).—Ces sortes de pressentimens et d'appréhensions, à ce que j'ai remarqué plus d'une fois, vous sont assez familières, M. le Chambellan, soyez tranquille, tout est dans le meilleur ordre possible, notre brave Duc a mis les points sur les I I, point de restriction au marché, il y est dit bien positivement, il y est bien positivement stipulé : *Que nos gens seront embarqués, dans le plus court délai, emporteront avec eux, comme dit est, magazins, chevaux, armes et bagages, de même que tout ce qui leur appartient individuellement, à titre de propriété,* de manière que toutes ces choses nous étant dévolues par droit de conquête, elles doivent essentiellement être respectées, et regardées comme autant d'objets revêtus du caractère d'une propriété légitime, et en conséquence, je m'attends, comme disent très-bien Mrs. le Maréchal, et le Président du Conseil, à voir, au premier jour, arriver, avec la garnison de Lisbonne, tous ces articles, et quantité d'autres plus ou moins précieux, plus ou moins intéressans, et dont le Duc d'Abrantes m'avoit auparavant fait parvenir une liste exacte, s'entend des Bustes massifs en or et en argent de leurs *Saints* et *Saintes* canonisés ou beatifiés, quantité de lingots provenans de milliers de Béatilles de toute espèce, et sans nom, des Remontrances, des Coupes, des Crucifix, des Crosses, et des Mîtres d'Evêques, des Flambeaux, des Encensoirs, des Branches et Chandeliers d'Autels ; que sais-je moi ? mille autres attirails d'Eglise servant à leur culte, ou plutôt à leur imbécille superstition, mais surtout des statues en marbre, en porphire, en jaspe du Brésil, et quantité de pièces les plus rares du plus beau cristal ; des urnes et des vases de la plus grande beauté en porcelaine de la Chine, du Japon, et de la vieille Roche, en un mot des Bonzes, des pagodes, des hermes, des mimies, et entre autres choses, une figure colossale de celui que j me fais honneur et gloire de prendre pour modèle, l'immortel Empereur Charlemagne, CHEF-D'ŒUVRE de l'art, et qui n'a point de prix, que je réserve pour mon intime Allié, le magnanime Empereur Autocrate de toutes les Russies, et que je me ferai une fête de lui envoyer tout aussitôt que j'aurai trouvé un débouché sûr.

M. le Chambellan.—Je souhaite bien sincèrement, SIRE, que mes craintes ne soient que des craintes paniques, suppliant dans tous les cas, très-humblement VOTRE MAJESTÉ d'être intimement convaincue qu'elles ne sont que l'effet du désir trop violent dont je brûle de les voir arriver au plutôt..... Quoiqu'il en soit, SIRE, heureux, et très-heureux que nous sommes, de n'en avoir pas eu à faire à un Duc d'York (et si jamais nous eumes occasion de bénir notre étoile, c'est bien assurément dans cette occurence) car s'il eut eu le commandement, ainsi qu'il en avoit été parlé dans le principe, eh ! pour celui-là, bien décidément, il ne nous auroit pas eu badinés ; non, ni le Duc d'Abrantes, ni Kellermann, ni tout l'Etat-Major ne seroient venus à bout de lui faire entendre raison, et outre qu'il vous eut mené, tambour battant, *son Cousin Junot*, le premier point eut été, infailliblement, de se rendre à discrétion, et le second de le débarrasser, lui et les siens, de tout ce qu'ils n'auroient pu cacher.

Buonaparte.—Il y a gros à parier que les conditions auroient été des plus dures, et des plus humiliantes, celles, pour le dire en deux mots, que sa bonne fortune, son caprice et son désir de venger l'Angleterre et la Prusse, mais surtout la haine qu'il me porte *lui auroient suggérés.* *

---

* S. A. R. voudra bien pardonner à l'Auteur des expressions aussi peu conformes à son caractère, par la réflexion qu'Elle daignera faire, que c'est un Buonaparte, un Grédin parvenu qui parle, et dont l'Auteur, comme dit est, ne peut se dispenser de rendre les sentimens tels qu'on a lieu de les lui supposer. Ledit Auteur est trop au courant des qualités éminentes de S. A. R. pour avoir constamment suivi son Quartier-Général, tant à St. Amand, qu'à Tournai, à Cranenburg et ailleurs, et en avoir ex-

Le Maréchal Duroc.—Pardon, SIRE, mais ces dernières paroles me font faire une reflexion assez sérieuse, ne pourroit-il pas bien arriver, SIRE, qu'en conséquence de cette aversion que VOTRE MAJESTÉ suppose au Duc contre Elle, il engage le ministère á faire au Général Heue de la Rimpe *une querelle d'allemand?* Peut-être (qui sait), sollicité qu'il y sera par l'Ambassadeur du Brézil, à la suite des plaintes des Portugais.

Buonaparte.—Ne craignez rien à cet égard, M. le Maréchal. Quand Sir Heue de la Rimpe a paru *se faire tirer l'oreille,* ce n'étoit de sa part, qu'une pure grimace, croyez-moi, on avoit tout vû, tout prévû là-bas, et bien certainement, avant son départ, il avoit reçu des instructions positives à ce sujet, d'ailleurs quoique la plûpart des articles de la transaction soient à notre avantage, il est néanmoins vrai de dire que les Portugais ne doivent se réputer que trop heureux, de n'avoir pas été exposés aux horreurs de la famine, et d'un siège destructeur, et quant aux Anglois, de quoi ont-ils à se plaindre? ne se trouvent-ils pas, du moins pour le moment! en possession de la capitale du Royaume, et de ses Provinces? et que leur a coûté cette acquisition, (abstraction faite de deux à

-----

périmenté la bienfaisance et la popularité dans l'avant-dernière de ces villes, où Elle daigna lui accorder la faveur insigne de l'admettre à sa table, pour n'avoir pas conçu de Sadite A. R. la plus haute idée, et celle à laquelle ne peuvent se refuser les personnes qui ont l'honneur de LA connoître, et d'En être particulièrement connues.

A cette époque, trop digne de nos regrèts! les choses avoient pris la tournure la plus satisfaisante, pour la cause des Rois, nous étions, pour ainsi dire, aux portes de la Capitale de ce Royaume...... Que ne pouvons-nous, oui, que ne pouvons-nous, par un coup du Ciel, nous y trouver, dans cet heureux moment, où le tyran est à un extrême distance de ces Contrées, transportés de nouveau! Avec quel triomphe ne verrions-nous pas aujourd'hui ses infortunés habitans se prononcer en notre faveur, nous tendre les bras; que dis-je? nous les prêter, nous ouvrir ses portes, et secouer enfin, pour jamais, un joug auquel, en défaut de secours, et d'espérance d'en recevoir, ils ne pourroient tenter de se soustraire, sans s'exposer à une mort certaine, et à la perte totale du peu qu'il leur reste.

trois mille des leurs, restés sur le champ de bataille?)
n'est-il pas vrai que s'ils eussent été obligés de former
le siège de cette place, ils y auroient laissé tout au moins
ce nombre, et quelque chose de plus, donc cinq à six mille
hommes d'épargnés, et le temps, Monsieur, qu'auroient
demandé les apprêts et les différens ouvrages toujours
inséparables d'un siège, la ville et ses forts ruinés de fond
en comble, ajoûtez à ceci une infinité de maisons, de temples, et d'édifices publics culbutés, réduits en cendres,
oui, je prétends moi que, si au moment qu'ils se sont
embarqués, ils eussent pu s'attendre à pareille chance, ils
se seroient estimés très-heureux, et des plus satisfaits;
l'évacuation du Portugal, j'abstrais ici des grands projets
qu'ils ont formés sur l'Espagne,) l'évacuation, dis-je, du
Portugal étoit le grand point, le point qu'on avoit en vûe;
cet objet rempli, qu'ont ils de plus à désirer?

Le Maréchal Duroc.—Celà est vrai, SIRE, mais qui
sait mieux que VOTRE MAJESTE combien, dans
le métier de la guerre, une fois qu'on a la chance
pour soi, on a de peine à se *borner;* que l'objet soit
rempli, SIRE, c'est un premier vrai, et je tombe d'accord avec VOTRE MAJESTE, qu'ils ont tout lieu de
s'applaudir de leurs succès, mais ces succès étant le fruit de
deux victoires, ceci change un peu la thèse; j'entends fort
bien que, si avant de s'embarquer, ou même étant arrivés
sur les lieux, on leur eut offert la capitulation telle qu'elle
est, qu'on eût voulu consentir à leur remettre la ville,
sans coup férir, et avant de courir les risques ou de vaincre, ou d'être vaincus, ils en auroient accepté, bien volontiers, la proposition, mais ayant acheté la victoire au
prix de leur sang, et bien chèrement, comme j'ai lieu de
croire, (mille pardons, SIRE,) mais je le réitère, j'ai
bien peur qu'on ne tracasse Mr. de la Rimpe, vous le savez,
SIRE, en Angleterre, ils ne sont pas bien tendres, ni
bien scrupuleux sur l'article de la *démission,* ni même sur
celui de la *pendaison;* dans ce pays-là, celà ne demande
pas grande cérémonie......

Buonaparte.—Plus que vous ne croyez, Monsieur, et je
fais bien volontiers, cet aveu, il n'est pas de pays au
monde où l'on rende meilleure justice, mais ce n'est pas
ici le cas; le Général de la Rimpe ne s'est du tout compro-
mis dans la transaction, il n'a rien fait contre l'honneur,
contre les intérêts ni du Roi ni du gouvernement, et je suis
sûr, dans tous les cas, que ses moyens de défense seroient

jugés purs et plus que suffisans ; peut-être bien en entendrez-vous parler.

Le Maréchal. —Je le souhaite bien ardemment, SIRE, mais soyons justes et supposons, pour le moment, que la chance eut été du côté du Duc d'Abrantes, comme elle s'est déclarée en faveur de ses opposans : quelle conduite VOTRE SACRÉE MAJESTE croit-elle que le Duc eût tenue à leur égard, oh ! j'en suis sûr, une bien différente de celle du Général anglois.....Et sans trop dire, je suis persuadé que les conditions qu'il leur eût eu imposées, eussent été d'une digestion bien dure et bien pénible ; pas de milieu, *ou mettre bas les armes,* ou *faire le plongeon,* eût été la première, ensuite les dépouiller, peut-être pas même distinguer l'Officier du soldat, les conduire *en vrais pénitens,* au sein de la France, et sous une escorte enivrée de sa victoire, qui, pour animer d'autant plus le peuple, encourager nos conscripts, et diminuer, à leurs yeux, le danger qu'il y a de combattre des Anglois, en auroient immanquablement fait trophée dans tous les lieux par où ils seroient passés ; oui, tel eût été, bien certainement, le sort des vaincus ; d'où je conclus que, si ces réflexions fussent venues en tête à M. Heue, il eût, à coup sûr, mis plus de résistance à la chose, et n'eût peut-être jamais passé sur bien des articles, et surtout sur celui de ne **pas** faire la garnison prisonnière de guerre, car ceci est ce qui s'appelle, *se donner des poings dans le nez.*

Buonaparte. —Aussi cet article est-il le *tu autem,* est-il, surtout, celui qui me fait crier *à la victoire,* car quand nous, aurons ajoûté à la garnison, peut-être dix à douze mille Portugais qui s'embarqueront avec elle, et dont la plûpart réunis à nos drapeaux, l'augmenteront d'une moitié, celà fera une trouvaille au moins Mr. le maréchal....aussi *rira bien qui rira le dernier.* Que l'ennemi se soit *donné des poings dans le nez,* c'est un premier vrai ; mais quoi ! il falloit en découdre, et je prétends que les concessions qu'ils nous ont faites, outre les motifs précédemment allégués, portoient sur d'autres, qui les regardoient particulièrement, et qu'ils ont jugés assez puissans, pour accélérer la fin finale de cette affaire, pour passer partout ce qu'il a plû au Duc de leur prescrire......est-il vrai ou non que, pendant l'intervalle du siége, la garnison pouvoit, quoique très-difficilement, être secourue, quand je dis *très-difficilement* s'entend par terre, car depuis la capitulation de Dupont, il n'y avoit plus rien à espérer de ce côté-là, mais n'auroit-il pas bien pu se faire que l'Empereur de Russie, instruit du danger où se trouvoit la flotte de Siniavin eût envoyé à son secours une autre flotte plus considérable avec des troupes de débarquement à bord ? (et c'est à mon avis ce qui a influencé leur décision,) dans ce cas que seroit-il arrivé ? Là chose est toute claire, la flotte de Siniavin dégagée, et les troupes à bord entrées dans Lisbonne, le Duc ne seroit-il pas venu à bout, n'auroit-il pas réussi à faire lever le siége à Messieurs les Anglois, et pour prendre sur eux sa revanche, à la suite d'une sortie impétueuse, leur donner *une chasse en règle*, et finir par leur faire prendre, dans *le grand Bassin*, ce qui s'appelle, en bon François, *un bain salutaire et péremptoire*, ou tout au moins par les prier *à mettre bas les armes*, car ils ne se seroient pas tiré de ce pas ni si honorablement, ni à si bon marché qu'ils firent à leur expédition contre la Hollande, où ils en furent quittes, pour nous remettre, si je tiens bien, huit à dix mille de nos prisonniers, et pour lors, adieu leurs beaux, leurs gigantesques projets sur l'Espagne et l'Italie ; au reste quelques mois de patience les rendront sages ; soyons fermes et constans, et avec cette patience, cette constance et cette fermeté, *patientia omnia vincit*, nous viendrons à bout de tout ; avec elle nous verrons, à la fin, nos travaux se couronner par les succès les plus brillans, tous nos projets se réaliser *(et cette superbe Carthage*, que je réserve pour *la bonne bouche.)* y passer à son tour......Eh ! qui l'auroit pu croire ? Quel est le mortel qui se seroit jamais imaginé que la France, cette France enorgueillie par tant de trophées victorieux, enorgueillie par l'entière subjugation de tant de nations, par la soumission de tous les Souverains qu'elle a eu à combattre, seroit parvenue à s'élever (ainsi que l'Astre du jour au dessus des étoiles,) oui, de s'élever au dessus de tous les Empires, et de toutes les Monarchies qui existent, si toutefois il est vrai de dire qu'il en existe encore effectivement, seroit parvenue à rendre tributaires autant de Princes plus ou moins formidables, et de restreindre la puissance de ceux dont elle avoit le plus à appréhender, en un mot, parvenue à créer *des Rois, des Princes, des Nobles*, à culbuter les Trônes qu'elle a cru devoir culbuter, et pour tout dire, parvenue à faire respecter *sa Toute-Puissance* jusqu'en Russie, jusqu'aux extrêmités de la terre ? Ce n'est que par dégré, et même souvent, par des revers insignifians, Monsieur le Maréchal, qu'on arrive aux grandes choses. Joseph, en dépit de tout, régnera en Espagne, et le Portugal sera rentré dans l'ordre avant l'année révolue, s'entend en datant du jour de sa reddition, j'en juré par les deux Couronnes *internissables* dont mes bons peuples de France et d'Italie ont bien voulu ceindre mes Tempes, bien plus enorgueillies de ce présent flatteur, que de la gloire dont elles se sont couvertes depuis, j'en jure par ces deux Sceptres formidables, vainqueurs et vengeurs tout à la fois, et qu'ils ne m'ont transmis que pour faire respecter leur Nom, et leur Puissance par tout ce qui respire sur la terre, que pour faire trembler leurs ennemis et les miens. ....Fanatiques Espagnols! Portugais ingrats! Et vous, trop perfides Napolitans! Vous tous indignes de l'air que vous respirez, oui, bientôt vous en sentirez tout le poids; votre sang, le sang de vos femmes et de vos enfans, celui de vos imbéciles Evêques, de vos prêtres et des vos moines défroqués, rougira les fleuves et les rivières qui vous environnent, ce sang me répondra du sang de mes braves, sur lesquels vous avez porté une main sacrilége et barbare, me répondra de ces flottes que je n'avois envoyées dans vos ports que pour vous défendre, et dont vous vous êtes aussi perfidement emparés, me répondra de cette belle armée que j'avois si bêtement confiée à ce lâche Dupont, et que, sous mille prétextes spécieux, vous retenez prisonnière, en dépit du contract passé entre vous et lui, contract par lequel il étoit stipulé que, sous le plus court délai, cette armée seroit renvoyée saine et sauve, au sein de mes états......... *Buonaparte fait ici une pause, pour donner à sa fureur un instant de répit. Revenu à lui, Mr. le Ministre de la guerre croit l'instant favorable, et se hasarde de lui adresser la parole, en ces termes :*

Mr. le Ministre de la guerre.—Je ne doute pas, SIRE, si VOTRE SACREE MAJESTE me permet de rompre ici le silence, que, si Dupont eut eu la force, et le courage d'en agir avec les Espagnols de la même manière que le Duc d'Abrantes a fait avec *ces Insulaires et ces Pirates d'Anglois,* les affaires n'eussent pris, en Portugal, une tournure bien différente, et que les Espagnols, à l'heure qu'il est, ne seroient, pour la plûpart, bien dégoûtés de leurs projets chimériques.

Buonaparte.—Dupont est un homme mou, un homme foible et sans résolution. Dupont, dans une position telle que celle qu'il occupoit, auroit dû faire la loi à tout ce qui se seroit présenté pour le combattre ; il pouvoit, sans s'exposer à perdre, pour ainsi dire un homme, en garnissant les défilés d'artillerie et de troupes, fusiller, et tuer en détail tous ceux qui auroient osé pousser en avant ; que si l'ennemi, se bornant à le bloquer, n'avoit cherché qu'à lui couper les vivres, et tout espoir d'être secouru, dans cette extrémité, c'étoit de prendre son parti, de dresser ses batteries, nuittamment fondre sur lui, du côté où il l'auroit cru le plus foible, se faire jour, et forcer son passage à travers ses bataillons ; dans ces cas, *audaces fortuna juvat* ; feu Roi de Suède, du temps de Catherine, se trouvant serré, investi de toute part, par les flottes Russes, en agit de cette sorte, et non-seulement le Roi de Suède parvint à se dégager, à franchir la barrière, mais encore réussit-il au point de remporter sur les Russes une victoire complète et des plus signalées, une victoire telle que les Records maritimes, n'en fournissent que peu ou point d'exemple : et la même chose n'est-elle pas arrivée à la fameuse affaire D'ULM, ou l'Archiduc, contre le gré de notre pauvre *Mack*, vint à bout de sauver de nos mains un corps considérable de l'armée autrichienne, en s'ouvrant son chemin à travers nos nombreuses cohortes, qui venoient, tout ainsi, d'entourer cette forteresse ; ce que Dupont auroit également pu effectuer, et celà d'autant plus aisément qu'il n'en avoit à faire qu'à de nouvelles levées, qu'à des masses formées à la hâte, et des masses, pour la plûpart, composées de gens de campagne, sans connoissance et sans discipline, qui n'auroient pas manqué d'être décontenancés, déroutés par une irruption à laquelle ils ne se seroient point attendus, et qui, sans beaucoup de résistance, auroient fui à toute bride, et sur tous les points ; pour lors se saisir de la première position avantageuse, s'y retrancher, s'y fortifier, étoit pour Dupont, le parti qu'il y avoit à prendre, et au pis aller, en cas de non-réussite, c'étoit seulement alors le moment d'en venir à des propositions d'accommodement, d'en venir à une capitulation, qui, bien décidément, ne pouvoit être guères d'une nature, ou pire, ou beaucoup différente de celle de Cintra ; peut-être même seroit-il parvenu à dicter aux Espagnols, ainsi que le Duc a fait aux Anglois, les conditions, les articles de cette même capitulation........mais quoi ! tout ceci n'est plus que le *post mortem medicus ! ! !* que *de la moutarde après souper ! ! !*

Le Ministre de la marine.—Mais, SIRE, oseroit-on

vous demander ce qu'est devenue la flotte de Siniavin, car, selon les derniers rapports, elle paroissoit être, ce qui s'appelle, entre *Sylla* et *Carybde*.

Buonaparte.—La flotte de Siniavin s'est également vûe dans la nécessité d'en venir à une capitulation ; les conditions sont, à peu près, les mêmes que celles de la transaction de Lisbonne, excepté néanmoins qu'elle restera en possession des Anglois jusqu'à l'expiration de six mois après la conclusion d'une paix définitive, entre la Grande-Bretagne et la Russie, d'où je conclus que les arrangemens de Lisbonne ont fait la bâse de ceux dè la flotte aux ordres du Général Siniavin.

Le Ministre de la guerre.—Par ma foi, Siniavin a là fait un coup de maître ; mais oseroit-on ultérieurement vous demander SIRE, le nom de l'Amiral anglois ?

Buonaparte.—Il se nomme *Cotton* ; c'est étonnant, Mr. le Ministre, que vous ne sachiez pas le nom d'un homme si connu par le mal qu'il nous a fait.

Le Ministre de la guerre.—SIRE, à la vérité, j'ai entendu mainte fois décliner ce nom-là, mais outre qu'il m'arrive assez souvent d'être brouillé avec les noms, j'avois plaisamment perdu de vûe l'Amiral *Cotton* ; maintenant je me le rappelle à merveille, et puis l'Angleterre nourrit tant de *ces écumeurs de mer*, qu'il est aisé de les confondre les uns avec les autres. Eh bien, SIRE, *Cotton*, puisque *Cotton il y a*, je trouve que l'O ou le *Zéro* changé en A, en eût, à peu près, fait un *Caton*, et, dans ce cas, Siniavin n'auroit pas eu si beau jeu.

Buonaparte.—J'aime bien votre observation, Monsieur, mais *Caton* tant qu'il vous plaira, il l'a été plus que vous ne croyez, et en agissant de la sorte, il s'est, soyez-en sûr, comporté en vrai *Caton*. Cet Amiral, en stipulant, " que la flotte Russe," (observez bien ceci, je vous " prie, Mr. le Ministre) " restera en possession des An-" glois, jusqu'à l'expiration de six mois, après la con-" clusion d'une paix définitive entre l'Angleterre et la " Russie," ne vous appercevez-vous pas qu'il avoit de grandes vûes, et que cette restriction dit beaucoup ? Qu'en dites-vous Mr. le Maréchal ?

Le Maréchal Duroc.—SIRE, elle dit beaucoup en apparence, et autant qu'on auroit voulu *mordre à l'Hameçon*, mais puisque VOTRE MAJESTE me permet de dire ce que j'en pense, c'est que les pauvres vaisseaux auront tout le temps de s'ennuyer, et de pourrir dans les ports, de la

Grande-Brétagne; l'Empereur Alexandre (sur tout depuis la réception, de sa part, de cette lettre de soumission du fidèle allié de cette Puissance le petit roitelet de Gustave,) n'ayant jamais été moins disposé à faire la paix, et qui, nonobstant ses efforts redoublés, et certains avantages qu'il a, par ci, par là, obtenus sur les Russes, finira par y passer comme les autres.

Le Président du Conseil.—En tout cas, il l'a bien gagné; que lui en reviendra-t-il de s'être brouillé avec L'EMPEREUR, pour suivre, aussi obstinément, le parti de la Grande-Brétagne? c'est comme dit très-bien Mr. le Maréchal, son anéantissement, et la perte infaillible du peu qui lui reste.

Buonaparte.—Messieurs, je connois les sentimens de l'Empereur de Russie à cet égard; c'est, comme vient de dire Mr. le Maréchal, l'Angleterre n'a pas de paix à espérer avec lui; néanmoins il est très-à-propos qu'Alexandre soit surveillé là-bas; car si Caulincourt ne le tenoit en respect *(ne le quittant,* comme dit le proverbe, *pas plus que son ombre,)* qui sait? l'or de l'Angleterre, à St. Pétersbourg comme à Vienne, et, partout ailleurs, pourroit trouver des prosélytes, et, à cet égard, c'est tout au plus, si nous y avons gagné en perdant son fameux PITT, de la mort duquel la France fit trophée dans le temps, et qui, sans contredit, étoit *la cheville ouvrière* du Cabinet, surtout pour la partie des finances; celui qui l'a remplacé, s'entend après notre pauvre vieux FOX, paroissant ne lui céder en rien: il se nomme CANNING, qui, à ce que j'apprends, signifie en anglois (c'est-à-dire, en changeant l'*a* en *u,*) *un homme rusé,* et l'on ne peut disconvenir qu'il ne soit *cunning* et de nom et d'effet; ce qu'il a fait jusqu'ici, ne le prouve malheureusement que trop pour le bien-être, et la tranquillité de mon Empire.

Quant à l'Empereur Alexandre, je pourrai probablement vous en dire davantage à la première séance. *(Il entendoit, sans doute, par là, son entrevûe avec lui à Erfurth.* Maintenant revenons à la flotte....à l'exception des vaisseaux et des frégates qui sont déclarés prisonniers de guerre, jusqu'à nouvel ordre, tout retourne chez soi; hommes, chevaux, magazins, provisions, armes, bagages et tout ce qui y a rapport; mais ce que je trouve d'assez particulier, c'est que Lisbonne est, par cette capitulation, devenu pour cette nation, comme pour les autres, ou neutres, ou alliées, un port franc et libre, un port où çlle pourra aborder, se ravitailler, séjourner, en partir, quand bon lui semblera, sans être en aucune manière, exposée à être inquiétée ou molestée, ou poursuivie à son départ, soit par les Espagnols, soit par les Portugais sous quelque prétexte que ce puisse être.

Le Président du Sénat.—De manière, SIRE, que, si par hasard, il arrive qu'une escadre russe y aborde soit pour se ravitailler, soit pour se mettre à l'abri d'une tempête, soit enfin pour radouber ses vaisseaux, dans le temps qu'une escadre suédoise ou bien toute autre y sera, les soldats, les matelots, les mousses, et le reste, pourront y combattre à coups de verres, et y faire la paix entre eux, en dépit de ce que pourroient en dire leurs Souverains respectifs; par ma foi, je trouve cet article assez extraordinaire.

Le Maréchal Duroc.—Pas si extraordinaire, si vous le permettez, Mr. le Président, c'est comme a daigné, très-à-propos, nous observer SA MAJESTE, qu'on a voulu faire sa cour à l'Empereur de Russie, et qu'en lui accordant bien au-delà de ce qu'il auroit pu espérer, on a cherché à attaquer son attachement à la grande Nation sur tous les points à la fois.

Le Ministre de l'intérieur.—Je vois la chose de même œil que vous, Mr. le Maréchal; oui, toutes ces concessions ne sont qu'autant d'amorces dont on s'est servi, pour subjuguer son cœur, et maîtriser ses sentimens, pour le détacher de son alliance avec cette Monarchie; c'est encore là ee qui s'appelle un coup à la manière du Cabinet de Saint James; mais heureusement, comme quantité d'autres, *un coup tiré dans l'eau.*

Le Ministre de la guerre.—On ne peut former là-dessus le moindre doute, ni disconvenir que Mr. le Maréchal et Mr. le Ministre de l'intérieur n'aient mis *le doigt dessus.*

Le Ministre de la Marine.--Parbleu, cela saute aux yeux.

Le grand Chambellan.—Rien de plus clair, c'est encore *une botte fourrée à la Canning, à la Hawkesbury, à la Castlereagh,* &c. peste de ces gens-là !!!

Le Président du Conseil.—Leurs ruses sont ourdies de fil blanc, on les apperçoit de loin, et, en effet, s'engager à remettre *cette flotte à l'Empereur de Russie, six mois après la paix conclue,* n'est-ce pas le mettre au pied du mur? n'est-ce pas chercher à le désarmer, et pour ainsi dire, vouloir le forcer à reconnoître ces concessions, par un prompt retour à la cause de cette Puissance, cause qu'elle soutient, depuis si long-temps, contre vents et

marée, et contre tout espoir de jamais s'en tirer honorablement.

Le Président du Sénat.—C'est ce qui s'appelle voir les
choses dans leur grand jour, Mr. mon Confrère, oui, c'est
là le grand motif, et le but bien certain, c'est tacitement
dire à l'Empereur Alexandre : " Ta flotte est entre nos
" mains, elle repassera dans les tiennes, quand tu le vou-
" dras ; veux-tu la paix aujourd'hui, demain, (ou dans six
" mois) elle remouillera dans tes ports ; consulte-toi avec
" toi-même, et vois si ce parti n'est pas le parti le plus
" sage, et le plus conforme à tes intérêts ?" mais Alexandre est un Alexandre, et il mourra en Alexandre.

Le Maréchal Duroc.—Oui, s'il ne meurt pas en *Darius*;
n'importe que ce soit là le véritable motif, et le but que
s'étoit proposé l'Amiral *Cotton* ou *Caton*, c'est de quoi l'on
ne peut douter un instant, mais comme je viens de dire,
que cette clause, toute en sa faveur qu'elle est, ait sur
l'esprit de Sa Majesté Russe l'effet qu'on avoit en vûe,
c'est ce que je ne puis me mettre en tête ; quoiqu'il en soit
le mal, le grand mal que je trouve à tout ceci, c'est que
cette flotte, hors de service, et sur laquelle il n'y a plus à
compter, l'Escadre de Cadix, jointe à celle de Mâhon qui
vient de nous être soufflée, et de rentrer à Carthagène,
nous ôtent, pour long-tems, si pas pour toujours, l'espoir
flatteur de cette coalition maritime, que SA MAJESTE,
par une politique peu commune, avoit si ingénieusement
imaginée, et qui, bien certainement, ne pouvoit que tourner à l'avantage, et au bonheur de son Empire, comme à
l'avantage et au bonheur de la Russie, du Dannemarck,
de la Hollande, et généralement de tous ses Alliés quel-
conques.

Buonaparte.—Oui, M. le Maréchal, c'est là, c'est
vraiment là le grand *Tu autem ! ! !* Maudite expédition
de Copenhague, (car plus j'y pense, plus mon âme est
pénétrée de douleur et d'amertume,) c'est toi, oui, toi-
même qui nous replonge dans ce dédale, dans ce nouveau
déluge de maux, toi-même qui nous obligera, malgré nos
sentimens d'humanité, d'attachement et de commisération
envers nos nouveaux sujets, à faire couler, derechef, des
ruisseaux de sang. Odieux *Cathcart !* abominable *Gambier !*
oui, ce sont ces deux êtres monstrueux qui en sont les
auteurs exécrables ! ! ! Hélas ! pourquoi ces deux hommes perfides, lors de cette fatale entreprise, ne sont-ils pas
devenus la proie, la juste proie des flots, celle des mons-

tres marins ! ! ! Coup funeste et coup désespérant dont je
n'avois dèslors que trop prévû les suites désastreuses et
irrémédiables ! ! ! Coup fatal, s'il en fut jamais, et rêves
affreux de Fontainebleau,* à là suite de ce coup destructeur, hélas! vous ne vous réalisez que trop, et ces derniers enlèvemens des flottes de Cadiz, du Tage, et de
Mâhon, qui mettent le comble à ma douleur, ne peuvent
être rapportés qu'à cette cruelle expédition de l'infortu-
née Capitale du Dannemarck ! ! ! Présages affreux ! ! !
Car s'il est permis d'ajoûter foi aux rêves, tout ceci, (ainsi
que dans un miroir magique qui nous représente les choses
confusément) je l'y avois vû d'une manière à exciter mes
craintes, et à fonder mes pressentimens.   Oui, Monsieur
le Maréchal, c'est un vrai, c'est une première vérité, si
cette coalition maritime se fut effectuée dans le tems, si ce
petit *Roitelet de Gustave* qui a tout gâté, tout dérangé, et
à qui je voue une haine implacable, une haine éternelle,
eut voulu y donner les mains, voulu seconder des vûes
aussi justes et aussi salutaires pour le Nord entier, non,
ni cette malheureuse révolution d'Espagne, ni celle de
cet ingrat Portugal n'auroient jamais eu lieu, jamais n'au-
roient-elles troublé mon repos, terni l'éclat de nos victoires et de nos conquêtes, jamais porté atteinte à la
splendeur de ma gloire, non plus qu'à celle de la Monarchie.   Nous toucherions, à l'heure qu'il est, à ce moment
si désiré, si impatiemment attendu d'une paix délicieuse
et parfaite, d'une tranquillité inaltérable ; possesseurs des
deux Indes, ou bien à la veille de l'être, nous dormirions
d'un sommeil semblable *à celui du Dieu qui le donne, sur
des lauriers innombrables,* jamais plus exposés à la moindre
des flétrissures, et l'Angleterres, cette hautaine Angle-

---

* L'Histoire rapporte que la nuit de la réception des
dépêches contenant la reddition *de Copenhague,* et *des
Flottes dannoises,* il fit *un Rêve* d'une nature si étrange,
qu'il répandit l'allarme jusqu'au fond des cuisines les plus
reculées du château ; il n'y eut pas jusqu'au plus chétif *de
leurs fouilles au pot,* qui n'en ressentit le contre-coup ; *ce
Rêve* ayant excité les plus vives appréhensions pour sa vie,
ou tout au moins, pour la perte totale de ses sens égarés,
on courut, *à bride abattue,* aux appartemens de son Hy-
pocrate, qui étant arrivé à perte d'haleine, et lui ayant
incontinent subministré une doze redoublée d'Ellebore,

terre,* *Rule Britannia,* qui, à la suite de ses nouvelles intrigues, de ses chiennes de machinations avec l'Espagne et le Portugal, semble pour un court espace, reprendre le dessus, nous la verrions, au moment que je vous parle, agonizante et à nos genoux, nous la verrions nous demander, par ses émissaires, autrefois si vains, si orgueilleux, oui, nous demander, à corps et à cris, une paix qui ne lui eût été accordée qu'à bonne enseigne.

Le Ministre de l'Intérieur.—Hélas! SIRE, je ne le dis qu'avec le plus cuisant regrèt, mais cet enchaînement d'événémens cruels, et tous plus fâcheux les uns que les autres, s'il a certaine relation avec ceux de Copenhague, en reprennant la chose de plus loin, il en a, selon moi, encore bien davantage avec ces délais funestes, et jusqu'ici trop malheureusement postposés *du grand projet d'invasion* de cette maudite Angleterre, que nous verrions à cette époque, trembler de tous ses membres, ne savoir de quel bois faire flèche, de quel côté tourner la tête ; oui, SIRE, plût à Dieu qu'elle se fut effectuée alors, toutes ces nouveautés qui semblent, en ce moment, prendre un caractère assez formidable, ne causeroient point aujourd'hui à VOTRE SACREE MAJESTE de nouveaux sujets de soucis et d'embarras momentanés.

Buonaparte.—Momentanés tant qu'il vous plaira, M. le Ministre, je ne vois pas la chose tout à fait du même œil que vous ; la subjugation de l'Espagne et du Portugal ne s'accomplira pas en un jour, au fait, çà ne sera pas bien long, mais le cœur me saigne, M. le Ministre, oui, le cœur me saigne, quand je pense au nombre des victimes que nous serons obligés d'y sacrifier de nouveau, au sang

---

accompagnée de quelque autre spécifique usité, en pareil cas, vint à bout de le rappeller à lui, et de le tranquilliser, du moins en apparence, et autant qu'il est possible de tranquilliser un *furibond* d'une trempe aussi extraordinaire.

Ce Rêve, dont la description est des plus intéressantes, fera probablement la matière de la Brochure de l'année 1810.

* C'est bien ici le moment de répéter le *Rule Britannia, Britannia,* et, dans peu de tems, comme j'espère, le *sublimi feriet sidera vertice,* d'Horace...... Voyez l'ACCOMPLISSEMENT DE LA PROPHETIE de l'année dernière, pag. 43.

qu'il nous y faudra répandre, sang qui, toutefois, **ne peut**
rejaillir que sur ceux-là mêmes que ces insensés Espagnols,
et ces trop confidens Portugais ont eu l'aveuglement **d'ap-**
peller à'leurs secours, et qu'ils ont, dans ce moment, celui
de regarder comme leurs libérateurs, et leurs Anges tuté-
laires, tandis qu'ils n'ont en vûe que leurs propres intérêts,
et le projet bien décidé, en cas de réussite, de s'approprier quelques-unes de leurs provinces le plus à leur bien-
séance, ou, tout au moins, certaines de leurs colonies,
desquelles ils croiront pouvoir retirer le plus davantage.
Oui, M. le Ministre, je ne puis assez le réitérer, le cœur
me saigne, quand je pense aux nouveaux excès auxquels
nous serons contraints d'en venir, pour les soumettre ; et
j'en frémis par avance.

M. le Ministre de la Guerre.—Votre sensibilité nous
est connue, SIRE, jamais mortels ne furent autant privilé-
giés de ce don du Ciel, que les NAPOLEONS ; c'est
une vertu héréditaire dans la famille, et dont la Nation
Corse s'est piquée dans tous les tems, et dans toutes les
circonstances. Quant à la raffle que Messieurs les Anglois ont en vûe de faire, soit sur quelques provinces d'Espagne, soit sur certaines de ses colonies, ou plutôt sur les
unes et les autres à la fois, il ne peut exister le moindre
doute, et en effet, comment l'Angleterre, à la veille
qu'elle est de *faire banqueroute,* comment pourroit-elle se
déterminer à faire les dépenses énormes qu'elle fait, en
faveur de ces rebelles, si elle ne s'attendoit pas à en être
amplement remboursée et dédommagée, je dis plus, si elle
n'avoit, au préalable, reçu des assurances à cet effet, par
ceux qu'ils ont placés à la téte de leur gouvernement ré-
volutionnaire.

Buonaparte.—C'est ce qui s'appelle raisonner çà, M.
le Ministre, et cette dernière tentative de la part de cette
Puissance, à l'agonie du côté des finances, est bien décidément pour tâcher de parer *à la banqueroute,* au moins
pour un petit espace de tems.

Le Ministre de la Guerre.—A présent, SIRE, si VO-
TRE MAJESTE, le permet, j'aurois deux mots à ajoûter
à ce que vient de dire M. le Ministre de l'Intérieur, relativement *à l'invasion de ces insulaires :* vous le savez, SIRE,
je l'ai dit vingt fois, vingt fois j'ai insisté sur le projet, et
aujourd'hui j'y reviens avec plus de confiance que jamais ;
c'étoit dès le principe, SIRE, et à l'époque où les plans en
avoient été conçus qu'il falloit en venir là, appliquer la

hâche à l'arbre, et couper le mal à sa racine, du moins, *tentare nil vetabat,* ce moyen étoit, selon moi, le plus salutaire, le plus court, et le plus sûr des moyens, et celui qui auroit été le moins sujet à des acrochemens fâcheux, au lieu que le projet de transporter aux extrêmités de la terre des armées nombreuses, et peu faites à des climats brûlans, tout en traînant les choses en longueur, nous exposera infailliblement à des milliers d'inconveniens que l'esprit humain, avec toute la prudence possible, n'est pas toujours en état de prévoir, et de prévenir, je reviens donc à ce que j'ai dit mille fois: *qu'aussi long-tems que cette misérable Angleterre existera, elle ne discontinuera de souffler le poison de la discorde et de la sizanie parmi les différentes Nations avec lesquelles, en dépit de tout, elle entretient des relations commerciales* .... VOTRE SACREE MAJESTE étoit glorieusement parvenue au point (ce que jamais conquérant avant Elle, je ne dirai pas avoit été en état d'effectuer, mais n'auroit même osé tenter ou imaginer,) au point de contraindre, à peu près, tous les Souverains, toutes les Nations de l'univers à lui fermer leurs ports, néanmoins, avec combien de regrèts et de mortifications, n'avons-nous pas vû ses pavillons hérissés souiller au loin les mers, s'avancer, pour ainsi dire, sans interruption, et d'une marche victorieuse, vers les lieux auxquels ils étoient destinés, en un mot, continuer ses pirateries, et son commerce, triompher (pardon, SIRE, si je tranche le mot,) oui, triompher de nos triomphes, c'est-à-dire, de toutes nos précautions les plus sagement compassées, et de nos négociations si glorieusement poussées à leurs termes.

Le Grand Chambellan.—Patience, M. le Ministre, patience, croyez-moi, SA MAJESTE y reviendra, soit qu'elle se détermine à ré-adopter son premier projet, soit qu'elle persiste dans celui de pénétrer dans les Indes .... Après tout, quels plans, même les mieux concertés, ne se trouvent pas, par-ci, par-là, exposés à certains revers, à des revers de peu de durée, à des revers insignifians ? Les grandes choses, des choses de cette *magnitude* ne se font pas en un jour, elles ne s'achèvent pas aussi aisément qu'on les a vû éclorre dans l'imagination, SA MAJESTE a trop de sagesse, elle a trop d'expérience, pour ne pas s'être attendue à des travers, à des contretems minutieux, en un mot, à de légères contradictions, de la part du sort bizarre et capricieux ; c'est ainsi qu'il se joue, par fois, de nos plus belles espérances, de celles mêmes des individus qu'il se plaît à favoriser le plus constamment ; et sous peu, souvenez-vous, je vous prie, M. le Ministre, de ce que je vais vous dire, oui, sous peu, vous verrez ce sort lui-même avoir du regrèt, être au repentir, de ce qu'il vient de permettre en Espagne et en Portugal, en faveur de ces *écumeurs de mer*, vous le verrez revenir sur ses pas, revenir à lui, et nous remettre bien plus qu'au niveau.... Jamais mortel n'eut autant de moyens, autant de ressources que SA MAJESTE TRES-CHRETIENNE !!! et Salomon avec toute sa prétendue sagesse (pardon, SIRE, si votre modestie en est blessée !!!) Oui, si Salomon se fut trouvé, comme ELLE, depuis son avénément au Trône, dans des conjonctures aussi épineuses, eut rencontré autant d'obstacles, autant de difficultés, Salomon les eût jugés non-seulement au-dessus de son pouvoir et de ses facultés, mais même au-dessus de toutes les facultés humaines ; jamais conquérant avant lui, ne poussa les choses aussi loin, ne fut aussi constamment victorieux..... *L'Empereur des François*, soit dit sans le flatter, a plus fait lui seul, en moins de dix années, que les Xerxes, les Alexandre le Grand, les Charlemagne, les Louis Quatorze, et les Frédérics, que dis-je ? que tous les conquérans anciens et modernes, pendant tout le cours de leur vie, et je ne serois aucunement surpris de le voir, avant l'année dix révolue, *à Séringapatam, à Pékin, à Constantinople, (et à voix basse, à l'oreille du Ministre de la Guerre) à Moscow, et à Saint-Pétersburg.*

Buonaparte.—Que dit là, M. le Grand Chambellan ?

Le Grand Chambellan.—Je dis, SIRE, je dis......dis, qu'après sa tournée, VOTRE MAJESTE IMPERIALE ET ROYALE se donnera le plaisir de visiter son intime Allié, le magnanime Empereur de toutes les Russies, soit *à Moscou*, soit à *St. Pétersbourg*; et en effet, SIRE, quelle satisfaction plus douce pour VOTRE MAJESTE que celle d'aller lui exposer, de vive voix, le récit de ses beaux faits, d'aller respirer dans les bras, dans le sein de l'Amitié même, et d'y aller oublier ses fatigues, et ses longs travaux, pour lors, couronnés par les succès qu'on avoit lieu d'en attendre. . .

Buonaparte. — Personne n'entend mieux les choses que M. le Grand Chambellan.

Le Grand Chambellan.—Quand mon Souverain veut

bien penser aussi obligeamment sur mon compte, c'est une faveur à laquelle j'attache un prix infini.

Buonaparte. — M. le Chambellan, penser autrement sur vos qualités personnelles, ce seroit vous faire une injustice ; mais pour revenir à ce que vous venez *de souffler à l'oreille* de M. le Ministre, je vous dirai qu'en effet j'irois le voir avec bien du plaisir, et outre que ce seroit une jouissance pour moi, à mon retour d'Asie, de parcourir cet Empire, et d'entretenir Alexandre premier, je regarderois, bien assurément, cette visite comme un devoir indispensable, à la suite des bons offices qu'à bien voulu rendre à l'Empire et à l'Empereur Sa Majesté Russe, dans les conjonctures les plus critiques, dans les tems les plus difficiles ; néanmoins je vous le répète, je compte avoir ce plaisir avant ce temps-là ; sous peu j'éclaircirai le mystère, pour le présent le tems m'accuse, en ayant, respectivement à cet objet, tout au moins pour deux heures de travail dans mon Cabinet. A la première entrevûe, nous reprendrons le fil de tout ceci ; dans l'entre-tems, Messieurs, *avec un sourire forcé*, gardons-nous bien (surtout dans les circonstances actuelles) *de bâtir trop de châteaux en Espagne.* Buonaparte tourne les talons, les interlocuteurs s'inclinent profondément, et se séparent, en se disant les uns aux autres : *gardons-nous bien surtout de bâtir trop de châteaux en Espagne.*

Aussi bien ceux qu'il avoit si bêtement bâtis pour le digne successeur du Prince des Asturies, l'immortel Joseph premier, Prince *de sang*, grand Maître de l'Ordre du Cordon de Newgate, etc. etc. etc., se sont-ils éboulés jusque dans leurs fondemens...... SIC TRANSIT GLORIA MUNDI!!!

Fin du Premier Entretien.

S'ensuit UNE SECONDE ENTREVUE entre les même Personnages, assistant, pour lors, à une audience particulière, à l'occasion du Décret concernant les Conscripts de l'année 1810.

Post gaudia Luctus!!!

Buonaparte jouissoit encore, alors, du fruit de son triomphe, et s'en félicitoit au fond de son cœur (impatient, toutefois, de voir arriver toutes ces belles choses, qui, à chaque instant, se représentoient à son imagination sous des formes nouvelles, et sous des images toutes plus flatteuses les unes que les autres) lors qu'au moment qu'il paroît dans l'Assemblée, (fort peu de jours après la réception des premières dépêches de *Junot*) il en reçoit d'autres d'une nature bien différente, et dont le contenu répandit, tout-à-coup, sur son front jeaunâtre, un nuage épais, qui fit trembler tous les assistans.

A peine en eut-il parcouru quelques lignes, que donnant libre carrière à sa fureur, et s'exhalant en invectives :—" Messieurs," leur dit-il, " nouveaux traits d'hor-
" reur et d'indignité de la part de ce monstrueux Cabinet
" de St. James.....toutes nos plus belles espérances sont
" détruites, et rien, non rien de tous ces objets pré-
" cieux qui devoient accompagner la garnison de Lis-
" bonne, rien de tout ce dont nous avions fait trophée, et
" qui, sans doute, n'auroit pas peu contribué à nous
" dédommager de nos désastres, et de la perte du Por-
" tugal, rien qui soit, ne sera emporté, rien ne lui sera
" laissé, abandonné, l'Officier, tout ainsi que le soldat,
" étant, sans distinction, condamné à se soumettre à une
" recherche générale, et des plus minutieuses de tous ces
" objets, dont ils seront dépouillés de la manière la plus
" outrageante, avant qu'il leur soit permis de s'embar-
" quer ; un Comité vient d'être nommé à cet effet, et, au
" moment où je vous parle, il est occupé à faire main
" basse sur tout ce qui leur avoit été cédé, avoit été re-
" connu leur appartenir, et nous appartenir à nous-
" mêmes, par différens articles de cette maudite Conven-
" tion du 30 Août."

Le Maréchal Duroc.—Daignez, SIRE, je vous en sup-
plie, daignez ne pas attacher autant d'importance à des rapports qui, peut-être, ont d'abord été exagérés, mais qui, depuis ce tems là, auront vraisemblablement changé de nature ; le Duc d'Abrantes, susceptible d'impressions, comme je le connois, et comme vous le connoissez, SIRE, ne s'y sera-t-il pas trop légèrement abandonné ? N'aura-t-il pas, du premier abord, regardé comme une chose sans appel, de simples propositions lui faites à cet égard ?.....J'en espère mieux, SIRE, et les premières dépêches, n'en doutez pas, contrediront celles que vous venez de recevoir ; le Duc est un de ces hommes adroits qui savent manier les esprits, et parler au cœur, et je me figure aisément à l'heure qu'il est, qu'il aura cassé le cou à cette affaire.

Buonaparte. — Non, M. le Maréchal, non, ce que je vous dis là n'est que trop vrai, n'est que trop positif; les choses sont tellement expliquées, tellement détaillées, qu'on ne peut ni former le doute le plus léger sur leur contenu, ni leur donner la moindre interprétation. Le Duc d'Abrantes a eu beau pester, représenter, en un mot, épuiser tous les moyens, tout a été inutile; il s'en est même fallu de bien peu qu'il n'y ait laissé la vie, avec quantité d'Officiers et de soldats qui s'étoient opposés à un acte de fait aussi révoltant, aussi humiliant. Non, M. le Maréchal, il ne nous reste, pour venger une insulte, un outrage de cette espèce, qu'à écraser, qu'à exterminer ces odieux Portugais, et avec eux cette exécrable nation, la seule, parmi tant d'autres, assez audacieuse et assez téméraire pour attenter à ma perte, à mon existence, la seule assez osée pour aspirer à flétrir avec mes lauriers, la splendeur et l'éclat de ma gloire, la splendeur et l'éclat de mes triomphes, la seule, enfin, assez confidente dans ses ressources, pour contre-carrer mes vûes et mes projets les plus conformes à la justice, comme aux droits sacrés des Nations, tout autant qu'il en existe. Oui, mes amis, si jamais vengeance fut permise, ah! c'est bien ici qu'il faut nous y livrer, mais nous y livrer d'une manière à ne pouvoir rien ajoûter à nos efforts, non plus qu'à la fureur de nos ressentimens; qu'il nous faut porter et le fer et la flamme jusqu'au sein de cet insensé Portugal, après avoir fait rentrer l'Espagne dans l'ordre et dans le devoir; ensuite ces Royaumes reconquis, revenir à notre ancien projet *d'invasion*.....Vos pressentimens à ce sujet, M. le Grand Chambellan, et les vôtres au sujet *de la Querelle d'Allemand*, que vous appréhendiez qu'on ne fît au Général de la Rimpe, M. le Maréchal, pressentimens que j'avois d'abord regardés comme des rêves, ne se sont que trop malheureusement réalisés; et si je vous dois un aveu, c'est qu'immédiatement après vous avoir quitté, et y avoir fait certaines réflexions, je m'en sentis moi même saisi d'une manière à ne pouvoir m'en défendre; mais quoi dire, et quoi faire? C'est encore un de ces morceaux de dure digestion, qu'il nous faudra tâcher de dévorer en silence......Messieurs, je me sens mal, et me retire; nous remettrons la partie à une autre séance, et au jour choisi pour cet objet, je vous ferai passer mes ordres, à revoir; le canibale disparoît.

Les Assistans s'inclinent, de nouveau, profondément,

et se séparent dans un morne silence, en se rappe-
lant toutefois *les Châteaux en Espagne*, et se disant, en eux-mêmes : *par ma foi les Rieurs ne sont
pas de notre côté :* Post Gaudia Luctus, post Gaudia Luctus ! ! !

FIN DES ENTRETIENS POLITIQUES-INTERLOCUTOIRES.

Revûe Générale, et Récapitulation des HAUTS-
FAITS *du Charlemagne moderne*, servant de ré-
plique aux différens Allégués de l'Editeur du
Chronicle, sur la Transaction de Cintra.

Il est plaisant d'entendre dire à l'Editeur du Chronicle, en date, si je tiens bien, du 27 Septembre, 1808 :
" que les Ministres, plutôt que de ne pas remplir les en-
" gagemens contractés à Cintra, par la transaction rela-
" tive à la reddition de Lisbonne, deviendront responsa-
" bles de toutes les pertes auxquelles les habitans de
" cette ville, en conséquence du pillage commis, par ces
" hydres insatiables, ont été aussi impitoyablement ex-
" posés, ajoûtant : que ce seroit se déshonorer, à jamais
" dans l'esprit des Nations, que d'en agir autrement,"
comme si les excès inouïs, itérément perpétrés immédiatement après la transaction sanctionnée, et la reconnoissance gratuite y faite par Sir Hew Darlymple contre l'intention du Souverain, contre celle du Ministère, et de la
Nation en général des Tîtres *d'Empereur des François, et
de Roi d'Italie* dans la personne de l'usurpateur, auquel,
l'immortel PITT, de glorieuse mémoire, ne donna jamais
que celui *de chef des armées françoises,* n'étoient pas des
motifs plus que suffisans, pour ne pas s'y être conformé,
pour ne pas être revenu sur ses pas, et peremptoire-
ment, comme s'il n'existoit pas des exemples en Angleterre, à y authoriser le Ministère sans l'exposer à encourir
le plus léger reproche.

Eh ! quelle Nation, grand Dieu ! auroit pu, dans
le cas contraire, blâmer le Gouvernement Britannique,
auroit pu se recrier contre lui, en agissant de la sorte à
l'égard d'un *Etre* pour qui rien n'est sacré, à l'égard du
plus barbare, comme du plus inique de tous les hommes,
qui en dépit des Traités les plus solemnels, des promesses

les plus inviolables, des alliances, en apparence, les mieux cimentées, et les plus indissolubles, en un mot, en dépit des rachats faits à prix de sommes énormes, par l'Espagne et le Portugal, d'une Neutralité la plus stricte et la plus parfaite, a eu *la scélératesse* non-seulement de chasser, de ses Etats, un Prince universellement aimé, universellement respecté, pour ne pas dire adoré de ses peuples et de ses sujets, Prince considéré par toutes les Nations, et tous les Souverains de l'Europe, qui s'étoit ruiné lui et les siens, pour fournir, en temps et lieu, ces mêmes sommes, mais encore de réduire aux plus dures extrêmités ces mêmes peuples, peuples infortunés, dont il avoit dévoré la substance et bû le sang, à longs traits, pendant autant d'années ; *la scélératesse*, après avoir emprisonné un Monarque foible, séduit et trahi par son propre sang, vendu par un monstre, qu'il avoit comblé de ses bienfaits, d'envahir un Empire paisible et des plus religieux, attaché à ses Souverains comme à sa croyance, et de sacrifier à ses machinations comme à ses ressentimens, que dis-je ? à sa rage et à ses fureurs, de sang-froid, et de la même manière qu'un boucher inexorable égorge et sacrifie à ses intérêts des milliers d'innocens agneaux, des sujets si chers à son cœur, une Nation bonne et patiente, dont lui et les siens avoient si long-tems expérimenté la générosité, le désintéressement, la politesse, et l'exacte persévérance dans les engagemens auxquelles elle s'étoit assujettie, Nation amie de toutes les Nations, qu'il avoit forcée par mille moyens imaginables, et par tous les artifices de la plus criminelle séduction, de déclarer la guerre à la Grande-Brétagne, sa plus chère et sa plus intime Alliée ! ! ! *La scélératesse* d'avoir provoqué, combattu et réduit au néant son premier, son plus fidèle et son plus constant Allié, un Roi auquel, comme dit est, il est redevable de sa fortune et de son élévation, Roi trop aveuglé ! qui, pour parer au coup mortel qu'on se préparoit à lui porter, pour courir au-devant de sa chûte, et de sa destruction, oui, (je le dis à regrèt) n'eut pas honte, en dépit de l'honneur et de la probité, en dépit des nœuds sacrés d'une Alliance par lui contractée avec la Russie et l'Autriche, que dis-je ? en dépit des sermens par lui solemnellement prêtés à Alexandre, sur la tombe de son illustre Ayeul, d'un attachement inviolable, de manquer à ses engagemens, d'éluder ses promesses, tranchons le mot, de trahir ces deux Puissances, et avec ces deux Puissances l'Angleterre et le Dannemarck et la Suède ; en un mot, la cause de l'humanité, et la sienne propre, (aussi n'ignore-t-on pas, d'après le *par pari referre*, ce qu'a valu de la part d'Alexandre à Frederick Guilleaume, à la paix de Tilsit, une conduite aussi répréhensible, aussi odieuse,) l'accession d'une partie de ses domaines à ceux *du magnanime Autocrate*, en fut la digne et juste récompense.

La scélératesse, non-obstant toutes ses protestations les plus sincères, en apparence, et lui faites, en vertu de sa neutralité reconnue, d'expulser (la bayonnette dans les reins) du lieu de sa résidence, et de sa Principauté, le trop confident Landgrave, Electeur de Hesse-Cassel, pour lui substituer *un singe de Roi* de sa famille et de sa fabrique, celle, après avoir fait assassiner par un monstre choisi entre ceux de ses chasseurs les plus expérimentés, et posté à dessein, l'infortuné Duc de Brunswick, d'envahir cette province, et de subjuguer des sujets qui lui seront éternellement attachés, et celà, parce que ce Prince si bon, si clément, et si digne d'être universellement regretté, étoit au service de la Prusse, à laquelle, malgré toutes ses tentatives et tous ses efforts, pour l'en détacher, ce Prince loyal et incorruptible, étoit resté fidèle, et fidèle à la cause de l'Angleterre, sa parente et son Alliée.

Et en revenant sur nos pas, au premier principe de son élévation, *la scélératesse* d'en agir encore d'une manière plus révoltante à l'égard du digne et pieux *Roi de Sardaigne*, de la Capitale, duquel, selon son dire, il ne devoit prendre possession que pour un tems limité, et qu'il eut la lâcheté, la perfidie, peu de tems après, de déclarer faire partie de son Empire usurpé, s'étant même alors, par une cruauté, par une barbarie sans égale, réfusé (non obstant ses engagemens les plus solemnels, à la suite d'un fait aussi criant, d'une violation aussi monstrueuse) et peut-être se refusant encore, à l'heure qu'il est, à fournir aux besoins, à la subsistance de ce Monarque religieux, accablé sous le poids de ses années, et qui, dans toute la force du terme, se trouve au dépourvu des choses nécessaires à la vie.

La scélératesse, après avoir chassé et banni de la Hollande l'ancienne et respectable Famille des Princes d'Orange, de faire main basse sur cette Contrée opulente, qu'il a, dès le premier instant de sa subjugation, traitée, et traite encore aujourd'hui, avec une dureté à attirer les regrets et la pitié non-seulement des Nations avec lesquelles ses bons et industrieux habitans étoient, de tems immémorial, en correspondance, avoient des relations de commerce et d'intérêt, mais encore de celles mêmes dont ils excitoient la jalousie, ou pour mieux dire, de toutes les Nations en général,* celle enfin d'y réunir la Flandre, le Limbourg, le pays de Liège, le Duché de Luxembourg, le Comté de Namur, et quelque tems après, si pas auparavant, la Suisse, la Toscane, le Royaume de Naples, et enfin, pour achever ce tableau affligeant, *l'archi-scéléra-tesse*, de s'approprier, en dernier lieu, le territoire appartenant *au Saint-Siège*, territoire de tout tems respecté, même par les Puissances d'une Religion différente à la Nôtre, et, par une indignité qui n'eut jamais d'exemple, malgré ses représentations les plus touchantes, et les plus propres à persuader, à émouvoir, d'arracher au Possesseur légitime de ce territoire, à celui-là même qui, bien probablement aujourd'hui, à son grand regrèt, mais bien certainement aux dépens de sa tranquillité et du repos de sa conscience, avoit eu la foiblesse (si pas le courage,) de placer sur *son chef indigne* les Couronnes sacrées des CHARLE-MAGNE et des SAINT-LOUIS....Juste Ciel! sur un crâne de cette espèce les Couronnes de deux HEROS

---

* Aussi si ces peuples infortunés de même que les malheureux Prussiens, leurs anciens alliés et protecteurs, aussi long-tems qu'ils n'en ont pas eu besoin, et généralement tous les peuples de la haute et basse Allemagne, eurent jamais lieu de chanter le couplet suivant, que, jadis, dans certains momens de déplaisir, et de peine passagère, ces derniers surtout, étoient dans l'habitude de répéter *(ad nauseam)* quand, pour bannir la mélancolie, ils étoient en train de boire, c'est bien, sans doute, dans les conjonctures actuelles.... Ledit couplet y ayant infiniment de rapport, le lecteur le lira peut-être avec plaisir : le voici tel que je l'ai entendu chanter maintefois dans les différentes provinces d'Allemagne que j'ai parcourues.

Miserable Quartier !	Séjour trop détestable !
Der Teufel bleibt hier ! ! !	Et séjour qu'habite le diable ! ! !
Nichts zu sauffen,	Où, n'ayant plus de quoi se
Nichts zu fressen,	farcir, s'empifrer,
Muss ferner marchier.	Partons, cherchons quelque
	autre à pouvoir s'y bourrer.

CHRETIENS!!! Non, l'on ne peut y penser sans frémir, sans entrer dans une sainte fureur ; *l'archi-scélératesse*, en un mot, après lui avoir arraché la suprémacie du rang qu'il tenoit, à juste titre, parmi les Souverains, de lui interdire toute communication avec ceux qui formoient son Conseil, la seule consolation qui lui restoit dans des conjonctures aussi affligeantes, que dis-je ? de l'en séparer impitoyablement, et de mettre, entre eux et lui, une barrière à peu près insurmontable, et pour mettre le comble, à des procédés aussi inhumains, aussi barbares, celle de le dépouiller entièrement des tristes débris qui lui restoient d'un apanage insignifiant et des plus modiques, apanage, hélas ! déjà bien au-dessous de ses besoins, et déjà trop disproportionné à ce rang auguste, et à la dignité de son MINISTERE APOSTOLIQUE.

Non, je ne comprends pas comment il est possible que LE SOUVERAIN PONTIFE, après avoir eu le courage de faire ce qu'il a fait pour *son cher Fils en Dieu*, n'ait pas aujourd'hui la force et la charité, pour son bien, sa conversion, et par amour pour son salut, de lui infliger, ce qui s'appelle *une bonne correction paternelle*, une correction proportionnée à la grandeur, à l'étendue du délit, en le retranchant, comme une branche pourrie, une branche qui ne produit qu'un fruit amer au goût, et qu'on finit par jetter au feu, du Tronc sacré et vivifiant d'une Eglise qu'il a, ainsi que son cher Taillerand, aussi criminellement dépouillée, aussi indignement trahie, déjouée, désertée!!! Ah ! si j'étois *Pape*, en ce moment, ne fut-ce que pour deux fois vingt-quatre heures, comment, comment on me verroit aller en besogne, braquer, pointer *mes canons*, et en dépit de ses fureurs, *faire jouer mes foudres et mes anathèmes!!!* Non, jamais le Vatican n'en auroit eu lancé d'aussi *fulminans*, jamais Cyclope, et jamais *Piracmon* lui-même, de son bras noueux,[*] n'en auroit eu forgé d'aussi *écrasans*, d'aussi *pulvérisans*.

Ce qui, bien décidément, ne manqueroit pas d'emporter les suffrages et l'approbation, si pas de M. l'Editeur du Chronicle, et du peu d'autres de son espèce, ceux du moins des personnes qui savent apprécier les horreurs d'une conduite aussi révoltante, celles d'une ingratitude aussi monstrueuse, à l'égard de *cette victime impuissante,*

---

[*] Et nudus membra Piracmon. *Virg.*

qui, sans doute, auroit dû avoir acquis les droits les plus incontestables, que dis-je ? des droits éternels sur sa reconnoissance, aussi bien du côté *du Spirituel,* (car il est probable, qu'avant de passer à la cérémonie *du Sacre,* il se sera soumis, par grimace, à celle de lui faire *sa Confession Générale ;* si *la restitution* a été de la partie, c'est ce que je ne prétends pas éclaircir,) que du côté *du temporel,* dont l'usurpateur se sera, peut-être, cru, à la suite de cet acte, authorisé de jouir, si pas tout.à fait sans remords, du moins d'une manière à persuader au vulgaire ignorant que la propriété lui en étoit d'autant plus justement transmise, d'autant plus irrévocablement dévolue que la possession lui en avoit été assurée, et confirmée par les mains du REPRESENTANT de celui qui donne et distribue les Couronnes d'après ses Volontés suprêmes.

Aussi ce motif est-il précisément le grand motif qui avoit dirigé *le digne Successeur de l'infortuné Louis XVI ! ! !* celui qui l'avoit fait insister aussi fortement sur une démarche, qui a surpris, ou plutôt consterné tout ce qui n'est pas François ; c'est pourquoi *le drôle,* qui n'ignoroit pas que, *sans un coup de théâtre aussi frappant,* les badauds de Paris, tout badauds qu'ils sont, n'auroient jamais pu se convaincre de la légitimité de son élévation aux Trônes de France et d'Italie, crut-il devoir faire jouer tous les ressorts imaginables, et employer tout ce que l'artifice a de plus flatteur et de plus séduisant, ou plutôt de plus perfide pour y déterminer le St. Père, qui, comme on n'ignore pas, y avoit mis d'abord de la résistance ; prières pressantes, promesses, adulations, récompenses, et surtout les assurances les plus fortes et les plus propres à persuader, relativement au bien-être qu'il en résulteroit pour son Eglise et la Religion, aussi bien que pour le Saint-Siège (J'abstrais des menaces qui suivirent les représentations redoublées du Saint Père sur son grand âge, et ses infirmités) furent-elles mises en œuvre et toutes bien duement garanties, comme on peut le croire, par Monseigneur le premier Ministre, le digne et religieux Evêque d'Autun ! ! ! En conséquence un Conclave est assemblé, la matière s'y discute *(sans bruit comme sans opposition ! ! !)* conséquemment bientôt *recessé,* et *recessé* à l'unanimité des suffrages : Qu'on feroit incessamment *ferrer, à neuf, la mule* DU SAINT HOMME, pour, *at the first Notice,* lui faire tourner *le museau* du côté du lieu de *sa destination . . . . Poor old wretched creature* qui, jusque-là, n'avoit jamais quitté l'enceinte de la Capitale du monde Chrétien, condamnée à se transporter dans *cette terre de désolation, dans cette nouvelle Sodome!!!* Et par ainsi *recessé: Que le Chef de l'Eglise Romaine* s'y rendroit à longues journées, et aussitôt que possible, accompagné d'un brillant cortège, et de tous les accessoires qui pourroient ajoûter à l'éclat et à la splendeur d'une fête aussi extraordinaire, aux fins de procéder *à la Sainte Cérémonie,* hélas! qui ne fut pas plutôt terminée tant au gré *du Monarque Légitime* de cette manière, qu'à la satisfaction du peuple, ennyvré d'un spectacle aussi nouveau, qu'on commença à battre froid, au SAINT-PERE. Néanmoins *l'eau bénite de Cour,* en retour *des bénédictions,* dont il avoit couvert, à son arrivée à Paris, ce même peuple prosterné, à cet effet, dans toutes les rues de cette Capitale, ne fut pas épargnée pendant le long séjour qu'il y fit, de manière qu'à la fin, SA SAINTETE croyant s'appercevoir qu'il n'y avoit plus que de la grimace, et que sa présence commençoit à devenir importune, Elle crut prudemment devoir demander des passeports, qu'on lui accorda avec bien du plaisir et de la reconnoissance, puisqu'ils furent accompagnés des présens les plus magnifiques, et de nouvelles assurances sur les bonnes dispositions *de l'Empereur* envers ELLE, le Saint-Siège, et tout ce qui compose la Hiérarchie apostolique.... Dispositions qui, comme on sait, ne tardèrent pas à se manifester de tems à autre, jusqu'à ce qu'enfin, après avoir levé le masque, *son cher Fils en Dieu,* crut devoir couronner l'œuvre, en le chassant de Rome et de ses Etats.

Quand, à un acte de violence aussi inoui, d'une spoliation qui crie vengeance au Ciel, et qui, sans contredit, met le comble à tous ceux qui les ont précédé, on aura joint ses scènes de Jaffa, ses sacrilèges, ses perfidies, et en dernier lieu, ses conspirations en Espagne, et à la suite de ces conspirations, l'enlèvement inattendu du Souverain de cet Empire et de sa famille, qu'on y aura joint ses meurtres et ses assassinats, ses exactions les plus impitoyables sur tant d'innocentes Cités dont les anciens privilèges, les exceptions, la neutralité, la liberté avoient été reconnus dans tous les tems, en un mot, qu'on y aura joint sa haine et son acharnement contre un autre PERSONNAGE qui va de pair avec LE SOUVERAIN PONTIFE, à titre DE ROI TRES-CHRETIEN, *de Fils-aîné,* et *d'Enfant de prédilection* de L'EGLISE ROMAINE, dont il tient la place, et qu'il n'a cessé depuis *sa transition du Consulat à la Monarchie,* de poursuivre et de persécuter, à tout outrance, dans tous les lieux où il s'étoit réfugié, et pour revenir enfin à M. l'Editeur du Chronicle, on y aura joint ses excès, ou les excès des siens, ce qui revient au même, à Madrid et à Lisbonne, et surtout ceux qui ont eu lieu dans cette dernière ville, immédiatement après la transaction de Cintra, et qu'on l'entendra persister à soutenir qu'avec un individu de cette trempe. " On ne " pouvoit se dispenser de se conformer *au Traité,* et d'en " remplir les engagemens sans se compromettre, et se déshonnorer aux yeux des Nations civilisées." Pourra-t-on s'empêcher de hausser les épaules, et de s'écrier avec le Poéte?

> —— *Quid non mortalia pectora cogis,*
> *Auri sacra fames?*

Oui, quel pouvoir n'a pas cette soif insatiable de l'or sur le cœur des hommes, qui, pour en amasser, n'importe à quel prix, n'ont pas honte d'y sacrifier, dans leurs feuilles mensongères, d'après leurs passions, et l'esprit de parti, la vérité, la réputation, et les bonnes intentions d'autrui, en attribuant à leur foiblesse, à leur tolérance, à leur ineptie jusqu'aux événemens, qu'avec toute la sagesse humaine, et toutes les précautions imaginables, il n'est pas toujours possible ou de prévoir ou de pressentir, encore bien moins de les redresser, de les rectifier quand ils ont eu lieu, d'une manière peu conforme soit à leurs vûes et à leurs désirs, soit aux vûes et aux désirs de leurs censeurs impitoyables.

Je voudrois, pour quelques semaines, tant seulement, voir M. l'Editeur au timon des affaires ministérielles, que nous verrions de belles choses se passer sous un *Aristarque,* un *Argus* aussi sage, et aussi clairvoyant!!! et quant à sa doctrine relativement à ladite Convention, il faut avoir l'âme aussi scrupuleuse, et la conscience aussi délicate qu'il l'a, pour se faire un crime d'annuller et de répudier un acte aussi contraire au bien général, à la cause commune; mais pour me convaincre de la sincérité de ses sentimens, je voudrois voir M. l'Editenr du Chronicle aux prises avec celui dont il semble épouser si chaudement la cause, c'est-à-dire, le voir avec Buonaparte en démêlé sur quelque affaire de commerce et d'intérêt personnel, et dans laquelle il se trouveroit considérablement lézé, à la suite d'un contract, qui n'auroit été signé que par l'un ou l'autre de ses agens, je me trompe fort, ou bientôt nous entendrions M. l'Éditeur changer de langage, et nous chanter la palinodie. Pour moi (soit dit sans l'effaroucher) je ne me croirois pas plus tenu, plus obligé à pareil instrument qu'au serment qu'auroient exigé de moi, en me demandant, couteau sous gorge, la bourse ou la vie, les Mandrin, les Cartouche,* un Joseph premier, un Napoléon lui-même.

Quoiqu'il en soit puisse ici le Ciel, ah ! oui, puisse-t-Il permettre au plutôt qu'en faveur de notre bonne foi, comme en récompense de nos sacrifices, nos généreux Alliés, les bons Espagnols et Portugais, *peuples ressuscités d'eux-mêmes,* et qui, pour déployer l'énergie et la valeur, et se replacer au rang *des Nations guerrières,* font bien voir *au traître, à l'hypocrite,* qu'ils n'avoient besoin ni *de son ministère,* ni *de son école,* ni de *sa tactique* (ce qu'il s'étoit efforcé, comme on n'ignore pas, de leur insinuer, de leur persuader dans ses misérables *pancartes,* et odicuses *pro clamations* de Bayonne) parviennent enfin, à l'aide des efforts redoublés de l'inébranlable et magnanime Angleterre, et peut-être, plutôt qu'il ne s'y attend, à l'aide de ceux de l'Autriche armée†, non-seulement à le combattre et le vaincre, mais à le culbutter, et à le remettre à son niveau, que dis-je ? à le faire rentrer dans la classe ignoble de

---

* Voleurs de grand chemin du tems de Louis XIV.

† L'Auteur qui, long-tems auparavant, avoit annoncé dans ses Ouvrages, la chûte et la destruction du Royaume de Prusse, qui s'étoit même permis d'en faire parvenir, chaque année, des Exemplaires à Frédérick-Guilleaume, de même qu'à SA MAJESTE l'Empereur d'Autriche, et à Mgr. l'Archiduc Charles, auquel il a l'honneur d'être parfaitement connu, ne peut ici dissimuler ses appréhensions sur le sort qui menace cet Empire, ajoûtant que, pour peu que François Ier. tarde à saisir l'instant favorable, instant qui bien décidément ne reviendra plus, de parer au coup fatal qu'on lui prépare, et, qu'en cas que l'Espagne et le Portugal viennent à être envahis, il ne lui sera plus possible de détourner, l'Autriche et le reste deviendra, en une seule campagne, la proie bien certaine de la voracité de l'hydre impitoyable qui ne caresse François Ier. en ce moment, que pour le dévorer avec plus de barbarie et d'inflexibilité.

F

ces *êtres maudits* que la Postérité se plaît à vouer à la haine, au mépris et à l'infamie, et après s'être arrachés au joug affreux de son despotisme, et de l'esclavage le plus insupportable, y arracher avec eux tant d'autres Nations qui le désirent bien ardemment, mais qui n'ont pas eu, comme eux, assez de force, assez de courage pour en venir à une tentative, et chercher à briser les fers sous lesquels elles gémissent depuis tant d'années ; fers que, dans le fond de son cœur, le monstre a déjà, bien certainement, forgés dans son poudreux Cabinet, pour son cher et intime ami, l'Autocrate de toutes les Russies, et qu'au premier instant favorable (si toutefois, comme on a lieu d'espérer, ses Couronnes usurpées, qui ne tiennent plus à rien, n'ont pas, avant ce tems-là, repassé, *reposita est hæc spes mea in sinu meo*, oui, telle est l'espérance que je nourris au fond de mon âme) n'ont pas repassé, dis-je, sur les TEMPLES SACREES de ces Monarques augustes, auxquelles elles ont si inhumainement été arrachées, et surtout si, parmi autant de Couronnes, celle qu'on doit regarder comme la première et la plus ancienne, après avoir été dégradée aussi long-tems, n'a pas repris, avant cette époque, un nouvel éclat, et sa splendeur primitive sur la TÊTE LÉGITIME, qui doit exclusivement la porter, Celle du Successeur de *Saint-Louis*, et par une fatalité des plus inouïes, Celui, du plus infortuné comme du meilleur, et du plus religieux des Rois.) Oui, je le réitère, et ne puis assez le réitérer, fers qu'au premier instant favorable, il se propose de lui river, mais de river d'une manière à ne jamais plus pouvoir espérer ni de s'en dégager soi-même, ni d'en voir s'en dégager, en aucun tems, ceux d'entre nos Souverains auxquels il en a déjà donné.

Et après tant d'exemples frappans, n'est-ce pas une chose incompréhensible de voir un Empereur de Russie pousser sa confiance, ou plutôt son aveuglement, au point de s'imaginer que le Despote auroit plus de ménagement pour lui qu'il n'en a eu pour un Roi agonisant, qui, dès le premier principe, dans le tems même qu'il n'étoit que *Premier Consul*, lui avoit été si sincèrement, si constamment attaché, et auquel, comme dit est, il est redevable de sa fortune, de sa puissance et de son élévation...... Eh ! sur quel fondement l'Empereur de Russie peut-il établir cette confiance ? A-t-il jamais rendu, et sera-t-il jamais en son pouvoir de lui rendre, je ne dirai pas les

mêmes services, mais l'ombre des services que Frédérick
Guilleaume lui avoit rendus dans toutes les circonstances,
fût-il même assez puissant pour lui guarantir l'Espagne et
le Portugal ? Non, sans doute, et d'après cette réflexion,
si l'Empereur de Russie ne tremble pas sur sa situation,
qu'il me permette, au moins, après avoir tremblé pour
quelque autre qu'il couche en joue, de trembler pour son
Empire, et pour lui-même.... *Ipse viderit ! ! !*

POESIES PERIODIQUES SUR DIVERS SUJETS.

Au jour anniversaire de la Naissance de Buonaparte,
on trouva affichés aux portes du Palais des Thuilleries les
vers suivans :

> L'Empereur vaut son pesant d'or,
> En France personne n'en doute,
> Mais il vaudroit bien plus encor,
> *S'il valoit tout ce qu'il nous coûte.*

Translation.

> Napoleon, we are truly told,
> Is fully worth his weight in gold,
> But more would be Napoleon's boast,
> *If he should weigh but what he cost.*

*Réponse aux vers sus-énoncés, par l'Auteur du présent
Ouvrage.*

Ton perfide *Empereur*, dis-tu, vaut son poids d'or ;
Plaisant Badaud, comment oses-tu le prétendre ?
Quand, en nous rappellant son plus beau fait, encor
A peine vaudroit-il la corde pour le pendre,
Oui, malgré toi, la France en convient en secrèt,
Dès long-tems elle fait des vœux à cet effet :
Et qui sait, oui, qui sait, pour terminer en *œuvre*,
Si le champ bienheureux qui porteroit le chanvre,
N'auroit pas du regrèt de sa production,
En voyant accrocher *ton Grand Napoléon ?*
Dont les atrocités, que l'Enfer même abhorre,
Changent en pleurs de sang les doux pleurs de l'Aurore.
Quoi ! tu nomme *Empereur* le premier des fripons,
Seul couvert des forfaits de mille autres Nérons ! ! !

Ah ! peus-tu, sans rougir, oui, peus-tu le prétendre,
Qu'un être aussi cruel vaille son pesant d'or,
Quand, en nous rappellant son plus beau fait, encor
A peine vaudroit-il la corde pour le pendre.*

Allusion et Jeu de Mots sur les Noms des deux Empereurs Premiers.

> Napoléon et Alexandre,
> Alexandre et Napoléon,
> L'un et l'autre *Premiers* de nom :
> Ah ! puisse le Ciel nous entendre !
> Oui, qu'à nos vœux au Ciel il plaise,
> Que, comme ils sont tous deux *Premiers*,
> Ils soient aussi les deux derniers
> > *De cette chienne d'espèce ! ! !*

On pourroit ici se rappeller l'allusion, et le jeu de mots de Cicéron contre *Verres*, à peu près en ces termes :

> Vocaris *Verres*, et etiam verres quæcumque tibi sub manibus tuis veniunt.

Tu te nommes *balayeur*, aussi *balayes-tu* tout ce qui te tombe sous la main.

Ce qui néanmoins doit plus particulièrement être appliqué au dernier *Premier* qu'au premier des deux *Premiers*, mais une chose assez singulière en ceci, c'est que ces vers ont été rédigés, à peu près, tels qu'ils sont, dans un Rêve que fit l'Auteur, à l'occasion de l'entrevûe des deux *compères* à Erfurth.

Métamorphose et effet du CORDON D'HORREUR, dont LADITE ENTREVUE est une preuve bien sensible, et le second Tome de celle de TILSIT.

> Oui, je l'avois prédit que *ce fatal cordon,*
> Exécrable *tissu* de forfaits et de crimes,
> Et dont le seul aspect me fait frémir d'horreur,
> *Tissu* qu'on ose hélas ! nommer *cordon d'honneur,*
> Tout teint qu'il est du sang de milliers de victimes ! ! !

---

* Si l'Empereur de Russie avoit pensé de même sur le compte de *son cher frère* et *confrère Napoléon,* il se seroit bien gardé de laisser sortir de ses Etats un Prince infor-

(Peste à qui n'en croit pas à la Metempsycôse,)*
Feroit, en culbu.... son bon sens, sa raison,
Par un étrange e.... .e la métamorphose,
A la fin, d'Alexandre un vrai Napoléon ! ! !

EPITAPHE PROVISIONEL D'UN PRETENDU GRAND HOMME.

Passant, au lieu de gire, entre ces deux potaux,
Pour prix de ses hauts faits, fut ainsi suspendu
Le Roi, le Musulman, le Pontife de Rome,
L'Empereur, le Consul, le Héros prétendu,
   Le prétendu *grand Homme ! ! !*
Qui, malgré tant d'éclat, malgré tant de noblesse,
De talens, de vertus, et de traits de prouesse,
Devoit enfin servir de pâture aux corbeaux,
Et que, *là bas,* surtout, les vautours infernaux,
Megère et ses serpens et le peuple cornu,
(Ami, qui que tu sois, non, ne t'en effarouche,)
   Eussent avec bien du regrèt perdu :
A ses traits, à sa taille, à son regard farouche,
  Non, tu ne peus le méconnoître,
  C'est l'enfer qui lui donna l'être,
Et la main qui le frappe, ici le lui remet:
  En disciple de Mahomet,
Vivant, en plus d'un cas, il s'en est rapproché,
Et mort, si, comme lui, dans un riche tombeau,
  Le trop maudit foudre de guerre
Eut, en dépit du sort, de même été niché,
Et conduit, avec pompe, en un brillant caveau,
  Pense-t' qu'entre le ciel et la terre,
Par un second prodige, un miracle nouveau,
Tel celui du Prophète, il eut resté perché ?....
Non, non.... non, sois en sûr, l'honneur en étoit dû,
  Pas au tombeau, mais à *l'individu.*

---

tuné, qui aux sept péch.. capitaux de l'Usurpateur, a, avec les qualités les plus éminentes, autant de vertus à opposer.

* Dans quelque espèce de corps qu'il lui arrive de transmigrer, après sa mort, Alexandre ne pourra, sans doute jamais aller pire, fut-il même dans le cas d'animer un tigre, un serpent, une hydre vorace, à la veille de jetter ses petits.

EPITAPHE PROVISINEL D'UN CI-DEVANT EVEQUE-ABBE.

Passant, loin de pleurer sur cette infâme tombe,
Plie ici le genou, pour rendre grâce au Ciel,
Car, lorsque sous ses coups, le monstre enfin succombe,
Il venge, en te vengeant, et le Trône et l'Autel.
On le vit, tout à coup, en *pieux* apostat,
Contre le fer sanglant, l'odieux *Bonnet rouge*
Changeant sa double crosse, et ses croix, et la mître
Pour passer aux Bureaux, déserter le Pulpître,
Que dis-je ? d'un plein saut, *l'Evêque et le Prélat*
Refondu (chose étrange !) en Jacobin farouche,
En cannibale affreux, et d'autant plus outré,
Qu'il avoit pour manteau *l'heureuse Liberté ! ! !*
Aussi, soudain, l'Eglise et ses Ministres Saints
Devinrent-ils son lot, ses plus chères victimes;
Et, bientôt, se rangeant parmi ses assassins,
Par la mort du Monarque, il couronna ses crimes!!!
Loin, loin donc de pleurer, ami, sur cette tombe,
Plie ici le genou, pour rendre grâce au Ciel,
Car, lorsque sous ses coups, le monstre enfin succombe,
Il venge, en te vengeant, et le Trône et l'Autel.

EMANCIPATION ou LIBERTE *préméditée de l'Empire du Croissant.*

Chrétien, tour à tour, Athée et Musulman,
(Quoique bien chancellant aujourd'hui sur son Trône,)
Pour donner plus de lustre à sa double couronne,
Suivant de son bon cœur l'irrésistible élan,
Que ne peut pas sur nous la tendre humanité ! ! !
Par un coup éclattant, que *le Trajan* prépare
Aux peuples *sous les fers* de l'Empire Ottoman,
Il cherche à réunir *les perles* du Turban
Aux modestes *Onyx* de la Sainte Thiare,
                    En lui rendant *la liberté ! ! !*

LE PIED AU CU DE MADRID,

Ou Entrée Triomphale de Joseph Premier dans cette Ville!!!

Qu'il est plaisant de voir *Cousin Napoléon*
A grand bruit, en Monarque, arriver en Espagne,
Et en vrai pénitent, en fieffé fripon,
Soudain quitter ce pays de Cocagne,
Mais, surtout, de le voir, à grands coups d'éperon,

Remonté sur sa bête,
Pour se soustraire à ceux qui menaçoient sa tête,
(Et tel doit être enfin le lot de tout intru,)
En lui pressant les flancs, regagner la campagne,
La pêle au cu.

Deux Biscayens *Sangrado* et *Pasquillo* qui, dans ce moment, se trouvoient sur la grand'route de Bayonne, voyant de loin *la farce*, se prirent à chanter les couplets suivans *à la Marlborough*, sur l'air *La pêle au cu.*

Sang. Que vois-je au loin dans la campagne,
Le long du bois?
C'est *l'intru*, je le parierois,
Le frère au *nouveau Charlemagne*,
Au galop, qui revient d'Espagne
C'est lui, je crois.   (*bis.*

Pasq. Si j'y vois bien, oui, c'est lui-même,
C'est *le Huron*,
Qu'on aura mis à la raison,
Ou le climat trop chaud peut-être,
Frère, n'est pas propre au bien-être
du Mirmidon.   (*bis.*

Sang. Non, non, crois-moi, sur ma parole,
Le mal autru
Sur ses pas s'il est revenu,
Ce n'est pas ce qui le dégoûte,
Mais il aura reçu, sans doute,
Le pied au cu.   (*bis.*

Pasq. Que ne sommes-nous à Bayonne,
Tous deux ce soir !!!
Pour nous quel plaisir à les voir !!!
Corbleu ! quelle chienne de mine
Feront *Joseph* et *Josephine*
Au désespoir.   (*bis.*

Sang. Et quelles seront les grimaces,
L'explosion,
De ce fougueux *Napoléon* ! ! !
Car tout en revoyant son frère,
Dieu sait quels transports de colère
Les siens seront ! ! !   (*bis.*

Pasq. Et les bouteilles et les verres
Y passeront,
Malheur à ceux qui serviront !
Trop étranges métamorphoses !!!
Qu'ils chanteront de belles choses
En faux-bourdon !   (*bis.*

Sang. Frère, quel triomphe est le Nôtre
Dans cet instant !
Jamais de plus heureux moment!!!
Oui, le Ciel, en brisant nos chaînes
Fait cesser nos craintes nos peines,
En le chassant.   (*bis.*

Pasq. Allons, allons boire bouteille
Chez Valentin,
Quoique *François*, il pense bien,
Toujours il soutint notre cause,
Il nous avoit prédit la chose
De longue main.   (*bis.*

Sang. Valentin en fera trophée
Décidément,
Et la santé de FERDINAND
Entre nous fera la première,
La seule qui nous sera chère
Dans tous les tems.   (*bis.*

Quoique, depuis ce tems-là, les choses aient changé de face, et pris une tournure tout-à-fait différente, il y a tout lieu d'espérer, qu'à la suite de la jonction des armées Britanniques et des nouvelles troupes qui sont à la veille de s'embarquer, *le second pied au cu,* sera plus foudroyant et plus décisif que le premier.

———————

Après avoir exercé sa plume sur une matière aussi souvent traitée, et, de ce chef, peut-être ennuyeuse et dégoûtante, qu'il soit permis à l'Auteur de passer à une autre d'une nature tout à fait opposée, et qui ne peut manquer d'intéresser les âmes sensibles, celles qui aiment à voir rendre justice aux vertus, et au mérite personnel ; les petites Pièces suivantes, étant de cette espèce, et autant de tributs de reconnoissance, de la part dudit Auteur, il ose espérer qu'elles en seront vûes d'un bon œil, et accueillies avec cette bonté et cette indulgence qui les caractérisent.

A S. A. R. Madame la Duchesse d'York, la veille de la Naissance de Monseigneur le Duc, le 16 Août, 1808.

Dans cet instant, pour moi, si cher, si doux, si beau,
Que ne puis-je être encor dans ma plus tendre enfance !*
Et, tout en m'éjouant, dans mon petit berceau,
Sans projet, sans dessein, sans but, sans connoissance,
Ainsi, loin de penser à chanter tes vertus,
Y bégayer TON NOM, sourire à TA PRESENCE,
Et combler, oui, combler, par là, Ta jouissance !!!....
Mais souhaits insensés ! et souhaits superflus !
Vîmes-nous, de nos jours, sur le bord du tombeau,
Quelque mortel, soudain, rajeunir de nouveau ?
Non, ces tems ne sont plus, la source de Jouvence,†

————————

* Les personnes qui, comme Son Altesse Royale, ont un attachement particulier pour les enfans, ne manqueront pas d'accorder quelque intérêt à la lecture de ces Vers.

† La Fontaine de Jouvence avoit la vertu de rajeunir les vieilles gens, et c'est bien ici que je pourrois m'écrier avec le Poéte :

O mihi præteritos Jupiter si redderet annos ! ! !

Vers qui, conformément aux dogmes de notre Sainte Religion, pourroit très-bien, dans les circonstances actuelles, étant refondus de la manière suivante, s'appliquer au Roi.

Si Plebis elapsos votis ardentibus annos
Temporibus R̄ GI redderet hisce Deus,

Et avec elle, hélas ! la paix, le vrai bonheur,
Victimes du tyran, du fer dévastateur,
Ont de dessus la terre à jamais disparus ! ! !
Aussi lorsqu'à ma voix la Muse devient sourde,
Qu'à mes accens glacés, Elle ne s'émeut plus,
Ah ! daigne, au moins, souffrir qu'en cet heureux moment,
Qui rappelle à mon cœur celui de SA NAISSANCE,
Pour prix de Ses bontés, et de Ta Bienfaisance,
Je Te peigne et sa joie, et tout ce qu'il ressent,
Et pousse vers le Ciel, quoiqu'enfin je sois vieux,
Pour TOI, pour TON Epoux les plus sincères vœux,
Ceux que dicte la voix de la reconnoissance.

ENVOI.

A très-Noble et très-Honorée Dame, Madame la Marquise de Stafford, &c. &c. &c. Pour être mis au bas de son Portrait.

A ses traits, à ses yeux, où se peint la douceur,
La tendre humanité, la modeste candeur,
Quel est le malheureux,
Qui peut la méconnoître ? . . . .
Oui, le Ciel, en lui donnant l'être,
Grava, profondémen:, dans le fond de son cœur
Tout ce qui peut le rendre heureux.

Nobili admodùm ac generoso Domino, Domino CO-MITI A CARLISLE, de nuper obtentâ relativè ad commune quoddam Pabulatorium, multùm atque diù discussum, sententiâ definitivâ, sequentibus versibus cordialiter congratulatur Poeta.

Ergò triumphalem tibi dant, Carlîle, coronam
Leges jusque tuum, dat Themis ipsa loquens ;

Ut domuit, vicitque Georgius ense draconem,
Vinceret et propriâ sic Buonaparte manu.

Traduction.

Oui, si, d'après les vœux les plus ardens de son peuple, le Ciel daignoit rendre au ROI ses premières années, de même que LE BIENHEUREUX GEORGE, dompta et terrassa le dragon désolateur, ainsi verrions-nous *Buonaparte* expirer sous les coups de sa main vengeresse.

Jamverò optatis valeas ut lauribus uti,
  Sitque valetudo, paxque quiesque simul !
Insuper et longam Superi dent vivere vitam,
  Æternâque jacens felicitate frui ! ! !

Traduction.

A très-Noble et très-Généreux Seigneur, M. LE
COMTE DE CARLISLE, au sujet d'une sentence définitive par lui obtenue relativement à une Commune long-
tems contestée, et dont le Poéte le félicite de la manière
suivante :

A la fin donc, CARLISLE, et la loi, et vos droits reconnus, et Thémis elle-même, parlant par la bouche du
juge, vous ont fait triompher ; maintenant que tout est
terminé au gré de vos désirs, puissiez-vous jouir de votre
victoire en santé, en paix, et dans un repos exempt de
troubles ! ! ! Puisse, surtout, le Ciel y ajoûter le bienfait
d'une longue vie, et au bout de votre carrière, combler tant
de biens par une Couronne qui n'aura plus d'autres bornes
que l'éternité ! ! !

*Colendo admodùm ac Honorabili Domino, Domino Frede-
rico North.*

Mæcenas, Atavis *edite splendidis,*

Si, avec Horace, l'Auteur ne peut pas dire : *Edite Re-
gibus,* M. Frédérick North n'en a pas moins les qualités
distinctives, la grandeur d'âme et les sentimens ; aussi, en
faisant allusion à ces derniers mots, peut-on, sans le flatter, et sans courir les risques de se compromettre, s'exprimer de la manière suivante :

Des Hopes, des Dudleys Emule généreux,
Gracieux, bienfaisant, sensible, populaire,
De ses amis, surtout, ami franc et sincère,
Pourquoi le Sort, hélas ! ce Sort capricieux
          N'en fit-il pas un Prince ?
Il eut fait le bonheur de toute sa Province,
L'amour de ses sujets ; et le moindre d'entre eux,
Dans son petit état, dans l'emploi le plus mince,
Eut, sans doute, oublié qu'il étoit malheureux,
Et, pour ressusciter du bon Henri le mot,
Souvent eut retrouvé, sous lui, *la poule au pot.*

A l'Honorable M. George Canning, Secrétaire d'Etat, &c.

Pour le bonheur de sa Patrie,
Il joint, aux vrais talens, la sagesse et l'esprit,
  Et malgré les traits de l'envie,
  De l'imposture, et de la calomnie,
Il possède, à la fois, en concluant en *ox*,
L'activité des Pitt, et le bon sens des Fox.

Si certaines personnes, à la vûe de la Rîme en *ox*, qui veut dire *un Bœuf*, empruntée ici, pour rîmer avec *Fox*, parce qu'il s'en trouve fort peu de cette terminaison, venoient à dire, que l'Auteur rîme aussi comme *un Bœuf*, il leur pardonneroit bien volontiers ce reproche, si, après en avoir emprunté une en *al*, ils finissoient par lui adresser les deux vers suivans :

Si tu fais de rîmer ton métier capital,
  Oui, le cheval de Troie étoit bien moins cheval.

Contretems, ou Début fâcheux du mois dévastateur.

ENVOI.

Tandis que nos Chasseurs, concentrés au logis,
Pestent contre le tems, sur le tems se recrient,
Dans leur trou, dans leur forme, heureux et bien tapis,
    Le lapin, le lapreau,
      Le lièvre, le levereau.
De la mère perdrix la nombreuse famille,
Dans les champs, à son gré,
La tendre caille enfin, le pluvier, le vaneau,
La grîve, et le ramier, et le fin merle en rient ;
        Cependant, au fond de son cœur,
Pestant, se morfondant, ainsi que le Chasseur,
Le Poéte se plaint *que ses amis l'oublient.*

A la lecture de ces Vers, que l'Auteur avoit, dans le tems, adressé à un de ses amis, qui, contre sa coutume, et vraisemblablement, en dépit de sa bonne volonté, ne lui avoit encore pas, au Quinze, fait parvenir, (*Both in hair and feathers,*) son tribut vénatique, et qui firent sur son esprit toute l'impression qu'il en attendoit, même avec une addition de quelque pièces, en dédommagement de sa longue attente, Mrs. les Chasseurs ne manqueront pas de se rappeller les pluies continuelles de la première quinzaine du mois de Septembre, et ici l'Auteur, en terminant son

Ouvrage, finira par leur souhaiter, bien cordialement, pour l'année prochaine, un tems plus favorable, et parfaitement conforme à leurs désirs, comme aux désirs des personnes avec lesquelles ils veulent bien partager le fruit de leurs triomphes, et de leurs massacres innocens; en ajoûtant que, si ceux de *Buonaparte* n'étoient que de cette espèce, au lieu d'entendre toutes les Nations de l'univers vomir, avec moi, des milliers d'imprécations contre lui, on les entendroit, et on m'entendroit de même, bien volontiers, faire *Chorus* avec le Nouveau *Tom-Jones*, et répéter avec enthousiasme le refrein suivant:

Tous mes amis partagent ma victoire,
Elle en est plus chère à mon cœur,
J'entends le cor sonner ma gloire,
C'est le triomphe du Chasseur.
C'est le triomphe du Chasseur.

Partie de Chasse de Tom-Jones,
Opéra François.

F I N.

De l'Imprimerie de Cox, Fils et Baylis, 75, Great Queen Street, Lincoln's Inn Fields.

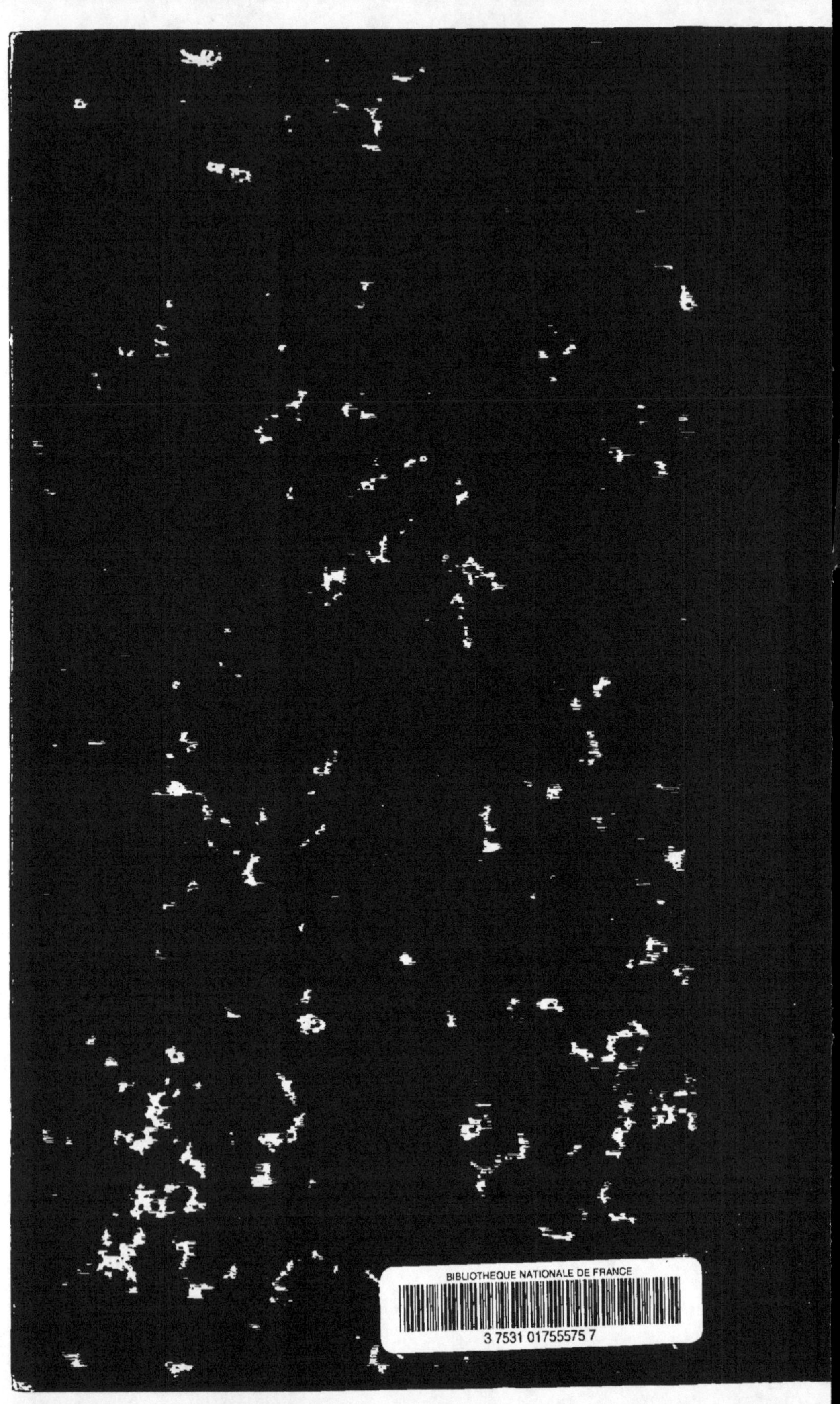

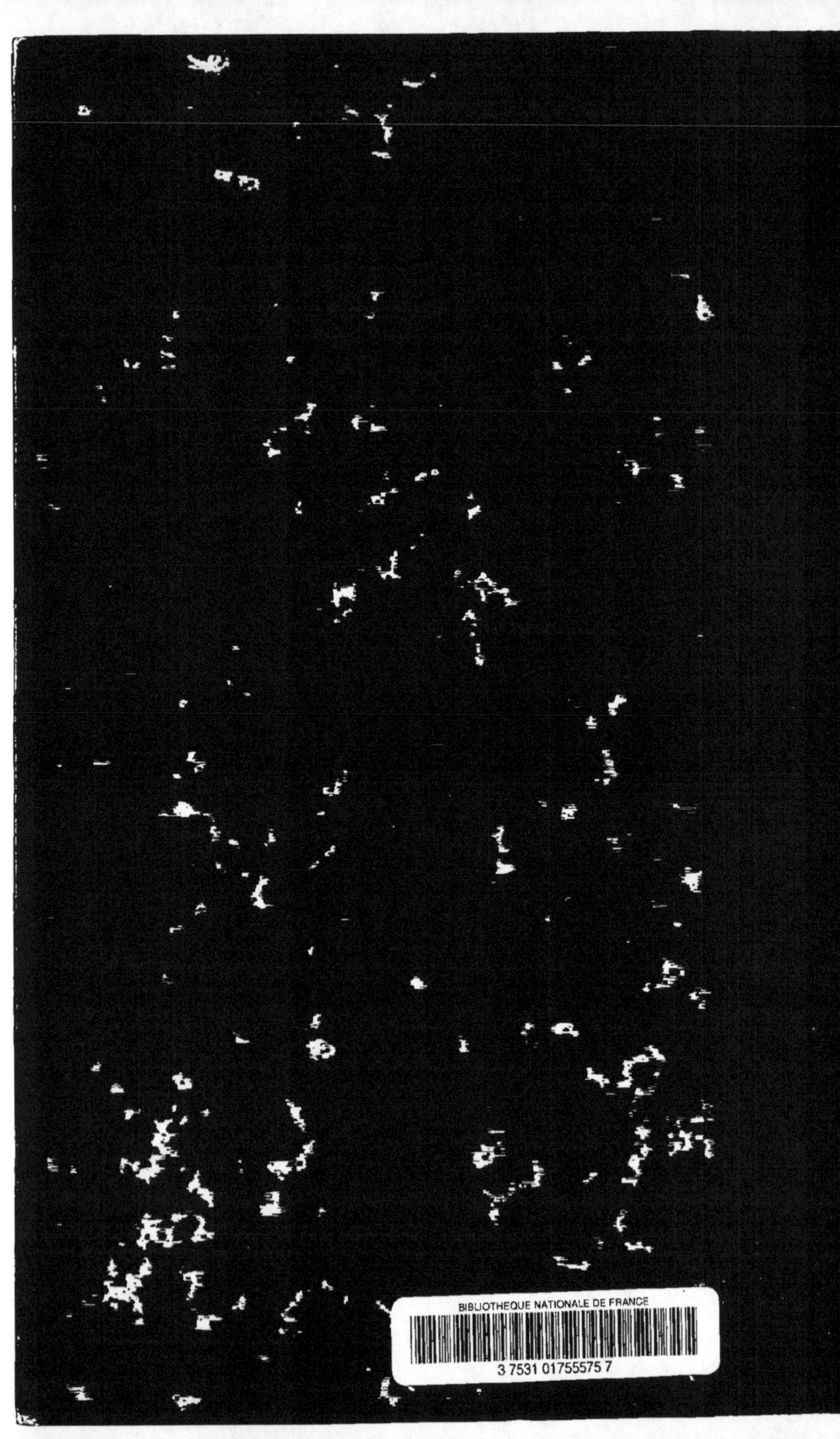